W0394496

# 99× OBERBAYERN wie Sie es noch nicht kennen

Christine Metzger
Franz Marc Frei

BRUCKMANN

# Inhalt

▶ **Vorwort** 5

## München, Landkreise München, Ebersberg, Dachau, Fürstenfeldbruck

**01** München: Oberbayern ist eine Schäferin 06
**02** Neuried: Eintreten oder austreten? 08
**03** Pullach: Freie Fahrt für Flöße 08
**04** Schäftlarn: In Gottes Garten 10
**05** Glonn: Erfrischend nostalgisch 12
**06** Keferloh: Wie der Maßkrug seinen Deckel verlor 14
**07** Kirchseeon: Das Fürchten lernen 16
**08** Ebersberger Forst: Vom Forsthaus zum Wirtshaus 18
**09** Ebersberg: Die Botschaft der Bäume 20
**10** Neuhausen: Kein Killer, kein Opfer 22
**11** Forstinning: Rückschüttmühlenromantik 22
**12** Ismaning: Obatzt is! 24
**13** Ismaning: Kraut für den Bischof 26
**14** Dachau: Kein Haus, ein Ort 28
**15** Mariabrunn: Heilendes Wasser, süffiges Bier 29
**16** Unterweikertshofen: Hecken und Bäume 32
**17** Altomünster: Das Erbe des Alto 33
**18** Fürstenfeldbruck: Ein großer kleiner Finger 34
**19** Schöngeising: Licht in allen Straßen 35
**20** Jesenwang: Sterne, Blüten, Hufgetrappel 38
**21** Haspelmoor: Baumwollbällchen und Purpurteppich 40

## Landkreise Landsberg, Starnberg, Weilheim, Bad Tölz, Garmisch

**22** Pestenacker: Ab in die Steinzeit 42
**23** Planegg: Schlemmeregg 42
**24** Unterbrunn: Wo die Meisterdiebe wohnen 44
**25** Utting: Jugendstil-Juwel 46
**26** Dießen: Töpfer mit Tradition 48
**27** Herrsching: Top Secret 48
**28** Andechs: Carl, Carmina und der Klerus 50
**29** Starnberg: Die Wasserspiele der Wittelsbacher 52

| | | |
|---|---|---|
| **30** | Berg: Bücher statt Brote | 54 |
| **31** | Landsberg: Der Herkomerturm | 56 |
| **32** | Vilgertshofen: Ohne Worte | 58 |
| **33** | Altenstadt: Strumpfsockert | 59 |
| **34** | Hohenpeißenberg: Alle Wetter | 62 |
| **35** | Polling: Vergessene Künstlerkolonie | 64 |
| **36** | Murnau: Der Millionenkeller | 66 |
| **37** | Oberammergau: Welten hinter Glas | 68 |
| **38** | Zugspitze: Cool und kalt | 70 |
| **39** | Schachen: Oben, »weit, in der Türkei« | 72 |
| **40** | Partenkirchen: Raetia und Rasso | 74 |
| **41** | Urfeld: Ihr Haus, sein See | 76 |
| **42** | Kochel: Birnen mit Schlagrahm | 78 |
| **43** | Benediktbeuern: Die Storchenwürde ist unantastbar | 80 |
| **44** | Penzberg: Die Vorzeige-Gemeinde | 82 |
| **45** | Bad Tölz: Giebe-Gabi und wie er die Welt sah | 84 |
| **46** | Lenggries: Steine gab's und wenig Brot | 86 |
| **47** | Brauneck, Stie-Alm: Alles Käse | 88 |

## Landkreise Miesbach, Rosenheim, Traunstein, Berchtesgadener Land

| | | |
|---|---|---|
| **48** | Otterfing: Nur wer gegessen wird, überlebt | 90 |
| **49** | Grub: »Gutes Wasser« für München | 92 |
| **50** | Gotzing: Kleinbonum in Bayern | 94 |
| **51** | Gmund: Papier für die Welt | 96 |
| **52** | Tegernsee: Auf den Spuren von Quirin Roth | 98 |
| **53** | Hausham: Kunst und Kohle | 100 |
| **54** | Schliersee: Sie säen nicht und sie ernten doch | 102 |
| **55** | Bayrischzell: Lufttürme statt Almhütten | 104 |
| **56** | Kiefersfelden: Technik und Natur im Einklang | 106 |
| **57** | Bad Aibling: Historismus und Jugendstil | 106 |
| **58** | Rosenheim: Vom Korn zur Bohne | 108 |
| **59** | Wasserburg: Sommerfrische fürs Bier | 110 |
| **60** | Schloss Amerang: Offen für alle | 112 |
| **61** | Gut Immling: Von jungen Künstlern und alten Pferden | 113 |
| **62** | Ratzinger Höhe: Großfamilientauglich | 116 |
| **63** | Urschalling: Die heilige Geistin | 117 |
| **64** | Aschau: Werkzeug und Kunstobjekt | 120 |
| **65** | Schloss Hohenaschau: Höhenflug | 122 |
| **66** | Hochfelln: In memoriam Loriot | 124 |
| **67** | Siegsdorf: Mammut im Doppelpack | 125 |
| **68** | Haßlberg: Kalkstein spielt Marmor | 128 |
| **69** | Ruhpolding: »Hackl nehma und in Holzschlag geh'n« | 130 |
| **70** | Ramsau, Hintersee: Von Staffelei zu Staffelei | 132 |
| **71** | Berchtesgaden: »Die kleidsame Volkstracht« | 133 |

72 Schönau am Königssee: Brand vom Berg 136
73 Obersalzberg: Delikates Erbe 140
74 Marktschellenberg: Im Palast der Schneekönigin 141
75 Freilassing: Karussell für Lokomotiven 144
76 Altenmarkt an der Alz: Das Werk lobt den Meister 146
77 Garching an der Alz: Blick in die Wohnküche 148


## Landkreise Altötting, Mühldorf, Erding, Freising


78 Oberschroffen: Vom Eise befreit 150
79 Altötting: Reise nach Jerusalem 152
80 Mühldorf: Skurriles für Jäger und Gejagte 154
81 Mühldorf: Fährmann, hol' über! 156
82 Haager Land: Wo Weiher Kessel sind 156
83 Bockhorn und Taufkirchen: Die Kleine Wies 158
84 Erding-Klettham: Platzproblem grandios gelöst 158
85 Freising: Von Bären und Rosen 160
86 Gammelsdorf: Alles für unsere Wittelsbacher 162


## Landkreise Pfaffenhofen, Ingolstadt, Neuburg, Eichstätt


87 Jetzendorf: In allen Wipfeln ist Unruh' 164
88 Wolnzach: Bier und Schokolade 166
89 Schrobenhausen: Der Sohn des Stadtmaurers 168
90 Schrobenhausen: Auf den Spuren der Rindviecher 170
91 Hinterkaifeck: Blutige Provinz 170
92 Manching: Gottes Zeltmacher 172
93 Ingolstadt: Eine urbayerische Maschine 174
94 Ingolstadt: Die »Nestbeschmutzerin« 176
95 Ingolstadt: Große und kleine Kostbarkeiten 178
96 Neuburg: Großes Theater mit kleinen Mitteln 180
97 Möckenlohe: Der Bauer als Historiker 182
98 Eichstätt: Kriegserinnerungen 184
99 Altmühltal: Lammabtrieb 186

▶ **Register** 188
▶ **Impressum** 191

# Vorwort

**Bayern ist das Markenzeichen Deutschlands.** Oktoberfest, Bier, Lederhosen, jodelnde Trachtler vor Bergkulisse – das sind die Bilder, die man weltweit mit dem Land in Europas Mitte verbindet. Und natürlich schnelle Autos, zwei der Hersteller haben ihren Standort in Bayern. Genauer: in Oberbayern. Wie auch die anderen Sujets nicht das Bundesland in seiner Gesamtheit widerspiegeln, sondern nur einen Regierungsbezirk: Oberbayern ist das »Logo« Deutschlands.

Weltbekannt, von Touristen überrannt, in Reiseführern polyglott beschrieben – gibt es in so einem Landstrich noch etwas zu entdecken? Ja, gerade dort. Denn: »Das Bessere ist der Feind des Guten«, wie Voltaire schrieb. Will sagen, Oberbayern bietet so viele Superlative, dass manches, was in kulturell und landschaftlich weniger reichen Gegenden im Reiseführer mit drei Sternen ausgezeichnet würde, hier nicht mal einen erhält.

Diese Schätze im Verborgenen zu entdecken und ihnen Geschichten zu entlocken, die noch nicht in aller Munde sind, war mir ein Vergnügen. Teufel, Mammuts, wilde Perchten, Greifvögel, Heilige, Künstler, Arbeiterinnen und Jungunternehmer treten als Protagonisten auf. Die Zeitreise führt vom Pleistozän bis ins 21. Jahrhundert. Höhlen, Katakomben, Moore, Museen und Industriedenkmäler bilden die Schauplätze. Und natürlich auch Orte, die zum Einkehren einladen, zum Essen, Trinken, Entspannen und Genießen.

Ich wünsche meinen Leserinnen und Lesern viel Spaß beim Entdecken von »Oberbayern, wie Sie es noch nicht kennen«. Dass auch ein alter Hut dabei ist, mögen sie mir verzeihen.

Christine Metzger

# 01 München: Oberbayern ist eine Schäferin

*Herzeigen, was man hat. Heute ist ein ganzer Berufsstand damit beschäftigt, Oberbayern ins rechte Licht zu setzen. Kuh auf Alm, Bierkrug neben Brotzeit, Mensch in Tracht, Kirchturm unter Zwiebelkuppel – die PR-Manager müssen nur in die Motivkiste greifen: Wir haben was, wir zeigen's her.*

**Was Bayern früher zu bieten hatte,** zeigt ein »Metallin Weibsbild«, das viele für die Göttin der Jagd halten. Zum einen, weil es sich durch das Geweih und die »hirschhaut mit ainem gossenen hirsch kopf« durchaus als solche ausweisen könnte. Und zum anderen, weil es auf dem Dianatempel im Hofgarten thront. Aber die Dame ist die Tellus Bavarica (Bayerische Erde). Hubert Gerhard schuf die Bronzefigur 1594, um zu demonstrieren, über welche Reichtümer das Land verfügte: Salz, Wein, Wild, Getreide. Kurz: Er präsentierte Bayern als Wirtschaftsstandort. 1623 gab es dann einen politischen Durchbruch, Maximilian I. stieg vom Herzog zum Kurfürsten auf, die bayerischen Herrscher durften nun an der Kaiserwahl teilnehmen. Und das musste Tellus auch zeigen: Hans Krumper brach der sanft lächelnden Dame die Hand und drückte ihr einen Apfel in dieselbe – den Kurapfel.

Den nächsten Schritt auf der Karriereleiter nahmen die Wittelsbacher 1806: Bayern wurde Königreich. Damals hielt man sich nicht mehr damit auf, unschuldige Frauen zu verletzen, um ihnen noch ein Insignium aufzudrängen. Ludwig, der schon als Kronprinz die Bautätigkeiten in München leitete, wollte klotzen, nicht kleckern. Nicht eine Frau stand nun für das durch Gebietsgewinne beträchtlich vergrößerte Bayern, sondern acht Figuren, die Ludwig von Schwanthaler 1835 bis 1837 schuf, allegorische Darstellungen der Kreise, in die Ludwig I. das Land teilte. Sie stehen auf der Hofgartenseite der Residenz, hoch oben auf dem Portikus. Ganz links eine Schäferin: Oberbayern. Schäferin. Nicht unbedingt ein Motiv, mit dem PR-Manager heute Touristen locken könnten. Aber: Wenn Sie auf den Spuren dieses Buches reisen, werden Sie auch eine Schäferin entdecken. Wo, wird hier noch nicht verraten.

**München** · Hofgarten · Dianatempel und Nordseite der Residenz

Die Tellus Bavarica auf dem Dianatempel präsentiert die Reichtümer des Landes.

Eine katholische Kirche ohne Gold, Prunk, Bilder – auch das gibt's in Bayern (oben).
Rasant durch die Rutsche – Highlight einer feuchtfröhlichen Floßfahrt (unten)

# Neuried: Eintreten oder austreten?

02

**Die Fachwelt lobt die Kirche** Sankt Nikolaus und deren Schöpfer Andreas Meck. Der Bund Deutscher Architekten: »Im Spiel aus Licht- und Schattenzonen ... entsteht ein Spannungsfeld, das Mystik und Transzendenz, Himmlisches und Irdisches verbindet.« Der Architekturkritiker Gerhard Matzig: »Diese Kirche ... ist für mich ein Ort, wenn ich noch nicht katholisch wäre, würde ich es sofort jetzt werden wollen.« Konservative Katholiken mögen wohl eher das Gegenteil erwägen. Kuben und Quader, ein leerer, schmuckloser Innenraum – und das in Bayern! Grund zum Austritt aus der Kirche oder zum Eintreten? Wenn Architektur solche Fragen aufwirft, kann sie nur gut sein.

**Pfarrzentrum St. Nikolaus** · 8.30–17, Mi ab 14 Uhr · Maxhofweg 7 · 82061 Neuried
www.st-nikolaus-neuried.de

# Pullach: Freie Fahrt für Flöße

03

**Die Isar ist eine Frau mit Prinzipien:** Sie duldet keine Schiffe mit Tiefgang in ihrem Bett. Trotzdem musste sie über mangelnden Verkehr nicht klagen, solange Flöße die Waren transportierten. 1891 aber wurde die Isartalbahn eröffnet, die Isar hatte als Wasserstraße ausgedient. Nun musste sie Energie liefern. Kraftwerke entstanden, wie das bei Pullach (1904). Die Flößerei hatte ihre kommerzielle Bedeutung verloren, aber Vergnügungsfahrten fanden schon damals statt. Für die wären die Kraftwerke eine echte Spaßbremse gewesen, und so baute man Floßrutschen. Die bei Pullach ist etwa 100 Meter lang, durch sie zu rauschen gehört noch heute zu den Höhepunkten einer feuchtfröhlichen Floßfahrt von Wolfratshausen nach München.

**Kraftwerk/Floßrutsche Pullach** · Floßfahrten (verschiedene Veranstalter) 1. Mai–Mitte Sept.
Fahrt von Wolfratshausen nach München ca. 6 Std.

04

# Schäftlarn: In Gottes Garten

*»Das Bessere ist der Feind des Guten«, schrieb der große französische Aufklärer Voltaire. Profaniert und auf das Verhalten des Homo touristicus angewandt heißt das: Wo sich Superlative häufen, fristen Objekte, die isoliert betrachtet das Attribut »sehenswert« bekämen, ein Fußnotendasein.*

**»Das Bessere« in Schäftlarn ist** die Klosterkirche. Eine der schönsten Rokokokirchen, licht der Innenraum, zartes Golddekor, prächtige Fresken. Hier wirkten die im südlichen Raum bedeutendsten Künstler des 18. Jahrhunderts: François Cuvilliés, Johann Baptist Gunetzrhainer und Johann Michael Fischer, Johann Baptist Zimmermann schuf Stuck und Fresken, Johann Baptist Straub die Altäre. Autobahnnah gelegen und auch mit dem Rad gut zu erreichen, gehört Schäftlarn zu den beliebten Ausflugszielen der Münchner. Auch weil sich hier Kulturgenuss mit Gaumenfreuden verbinden lässt. Sitzt man aber erst mal im »Klosterbräustüberl« oder beim »Bruckenfischer«, ist es wieder passiert: Man hat »das Gute« übersehen.

**▶ Der »Bruckenfischer« in Egling ist bekannt für seine hausgeräucherten Forellen; am Freitag (Forellentag) kann man den Fisch in allen Variationen genießen.**

Das liegt geborgen und verborgen hinter barocken Mauern. Wege in Kreis- und Strahlenform gliedern den Garten, eine Quelle speist den Springbrunnen – die Anlage symbolisiert die göttliche Ordnung: Ewig fließt das Wasser, der Kreis kennt kein Ende, die vier Wege, die von ihm ausgehen, repräsentieren die Weltachsen und damit den Kosmos. Der Verein, der den Prälatengarten 1998 neu angelegt hat, sorgt für dessen Pflege. Über 80 Rosensorten, Lavendel, Stauden, Blumen, da duftet's, das Wasser plätschert – ein Ort der Meditation.

Als solcher wurde der Garten auch angelegt. Klöster waren autark, alles, was sie brauchten, produzierten sie selbst. Landwirtschaft, Fischerei, Werkstätten, der Abt leitete ein Wirtschaftsunternehmen. Wenn er sich zurückziehen wollte, um seinem Gott nah zu sein, fand er die nötige Ruhe in diesem Garten, der keinen anderen Zweck erfüllt, als die Schöpfung zu preisen.

**Benediktinerabtei** · 82086 Schäftlarn · Kirche 7–17.30 Uhr, Garten immer zugänglich
Tel. 08178/790 · www.abtei-schaeftlarn.de

Der Prälatengarten – göttliche Ordnung und irdische Schönheit

So idyllisch sahen Bäder aus, bevor sie zu »Erlebnisbädern« umgestaltet wurden (oben).
Die Kinder toben im Wasser, die Eltern können sich im Biergarten entspannen (unten).

# Glonn: Erfrischend nostalgisch

05

*In »Erinnerungen einer Überflüssigen« erzählt die Schriftstellerin Lena Christ, dass sie beim Fischen in der Glonn beinahe ertrunken wäre. Die Großmutter, die Wäsche wusch, zog das Kind raus und der Großvater kommentierte lakonisch: »Aba Lenei, gel, jetz hast es; wie leicht kunntst dasuffa sei.«*

**Lena Christ wurde 1881 in Glonn geboren** und verbrachte dort wohl die einzigen glücklichen Jahre ihres Lebens. Als sie sieben war, holte die Mutter sie nach München, beutete das Kind als Arbeitskraft aus und schlug es halbtot. Trotz literarischer Erfolge war ihr kein Glück beschieden, 1920 beging sie Selbstmord. Als Lena klein war, beherrschten weder die Jungen noch die Alten auf dem Land das einzig probate Mittel gegen »Dasaufn« – das Schwimmen. Im Wasser zu planschen galt damals als Privileg der Reichen, die zur Sommerfrische in die Seebäder fuhren. Rund 50 Jahre später war das anders, und Therese und Lorenz Kirmair trafen mit ihrer Geschäftsidee den Nerv der Zeit. Die Investitionen hielten sich in Grenzen: Das Becken wurde mit der Hand ausgeschaufelt und mit einem Zu- und Ablauf versehen, das Wasser lieferte der Kupferbach – 1931 war das Schwimmbad fertig.

**▶ Aus dem, was andere wegwerfen, macht der Künstler Sven Friedel Schrottskulpturen. Zu sehen in der Schrottgalerie Friedel in Glonn, St.-Johannes-Str. 2.**

Anfangs besorgten sich die Gäste Milch und Brot noch im nahen Bauernhof, die Eltern von Christine Gruber begannen dann, Brotzeiten anzubieten und heute, in der dritten Generation, führen die Grubers den Gastronomiebetrieb ganzjährig und treffen wieder den Nerv der Zeit: frische Produkte aus dem Umland, Qualität beim Einkauf wie bei der Zubereitung.

Selbstverständlich wurde seit den 1930er-Jahren einiges verändert, aber der Charme des alten Naturbads mit den hölzernen Sprungtürmen blieb erhalten. Die Wasserqualität ist bestens, und besonders Familien fühlen sich hier wohl. Die Kleinen können im Flachen planschen, das 75 mal 35 Meter große Becken ist überschaubar, da kann keiner »dasaufn«.

**Naturbad, »Wirtshaus an der Wiesmühle«** · Mi–Sa ab 17 (ab Mai bei Badebetrieb ab 10), So ab 10 Uhr · Reisenthalstr. 13 · 85625 Glonn · Tel. 08093/52 95 · www.wadw.de

# 06 Keferloh: Wie der Maßkrug seinen Deckel verlor

*Keferloher definiert man wie folgt: a) Bewohner eines Orts, der sich recht gesichtslos in den Münchner Speckgürtel schmiegt. b) Irdener, zylindrischer, deckelloser, oxidierend gebrannter Maßkrug, Gewicht 972 Gramm, rekonstruiert nach Ausgrabungen in der Gemarkung Keferloh im Jahr 2000.*

**In Keferloh gibt es: einen monatlichen Antikmarkt,** die wunderschön restaurierte romanische Kirche St. Aegidius (1170–1173), die Traditionswirtschaft »Gut Keferloh«. In Keferloh gibt es nicht: Lehmvorkommen, die man zur Herstellung von Tongefäßen braucht. Warum also trägt der Krug den Namen des Orts? Um die Frage zu beantworten, muss man einen Zeitsprung von rund 200 Jahren machen. Damals definierte man Keferloher wie folgt: a) Alljährlich im September stattfindender Viehmarkt im gleichnamigen Ort, belegt seit 1325, größte Massenveranstaltung in Bayern. b) Vom Bier berauschter Besucher eben jenes Markts.

Markt, Mannsbilder, Massenbesäufnis. Der Begriff Keferloher war in ganz Bayern bekannt und positiv besetzt. Genau richtig, um die »Gemüter zu beruhigen«, wie Siegfried Rübensaal in »Wir und Bier« schreibt. Das bayerische Gemüt war verstört, weil ihm nach der Reichsgründung 1871 ein kräftiger Schluck Bier aus dem Krug genommen wurde: Die alte Maß, die 1,069 Liter beinhaltete, verlor ihre Gültigkeit, »das Preußen Liter« fasste nur noch 1,0 Liter. Dem nicht genug. Aus Kostengründen beschlossen die Brauer Ende der 1870er-Jahre auch noch, den Zinndeckel abzuschaffen, was einer Kastration des Maßkrugs gleichkam. Um die derart verstörte bayerische Seele zu beruhigen, kam man auf die Idee, dem neuen deckellosen Gefäß einen traditionsreichen Namen zu geben: Keferloher. Als solcher war er bis zur Einführung des Pressglaskrugs 1973 auch auf der Wiesn präsent. Ein kleiner, wenn auch schwacher Trost für die Bewohner Keferlohs. Ihr Viehmarkt wurde zwar noch bis ins 20. Jahrhundert hinein abgehalten, aber er hatte seine Attraktion verloren. Das Massenbesäufnis fand nun auf dem Oktoberfest statt.

**Keferloher Montag** · erster Montag im Sept. · »Gut Keferloh« · 85630 Grasbrunn
auf dem Bauernfest werden die original Keferloher verkauft · www.keferlohermontag.de

Auf dem Antikmarkt hat schon mancher Flohmarkt-Fan ein Schnäppchen gefunden (oben).
Bei der Grundsteinlegung von Sankt Aegidius war München erst zwölf Jahre alt (unten).

Alljährlich im Dezember haben die Perchten in Kirchseeon ihren großen Auftritt (oben).
Jede der Masken ist handgeschnitzt, ihre Träger spielen festgelegte Rollen (unten).

07

# Kirchseeon: Das Fürchten lernen

*Düstere Gestalten stampfen und tanzen im Licht der Fackeln. Offene Mäuler legen gefletschte Zähne frei. Über geweiterten Nüstern quellen riesige Augäpfel, Hörner bewehren die Häupter. Wesen wie Albtraumfantasien entsprungen – das sind die Perchten, die in den Raunächten durch Kirchseeon ziehen.*

**»Ich weiß eigentlich immer, was eine Maske** gruselig macht. Und bei uns, durch das Fackellicht, machen es vor allem große Augen, Nasen und Ohren. Aber Albträume selber krieg ich von keinen Masken mehr«, sagt Herbert Schafbauer. Über 50 Masken hat er schon geschnitzt, furchterregende »Schiachperchten« und »Schönperchten« mit menschlichen oder ornamentalen Zügen. Die Hässlichen und die Schönen, der Spieler der Teufelsgeige, die doppelgesichtige Frau Percht und die Habergoaß – alle haben ihre festgelegten Rollen im nächtlichen Treiben. Die Schönperchten begleiten den Zug musikalisch, sie trommeln und betätigen die zwei Glockenspiele, deren Klang so fein ist, dass die wilde Schar sich kurz zurücknimmt, während die Schellen klingen. Dann steigt der Lärmpegel wieder, Peitschenknallen, Stampfen, zuckende Körper im Fackellicht – das wirkt archaisch, und man möchte nicht glauben, dass der Kirchseeoner Perchtenlauf erst seit 1954 stattfindet.

Der »Perchtenvater« Hans Reupold griff in die Kiste des alpinen Brauchtums, kombinierte Elemente, Bilder und Texte und schuf eine eigene Tradition. Von den aggressiven Umtrieben junger vermummter Burschen, die im Alpenraum in den Raunächten Angst und Schrecken verbreiten, distanzieren sich die Kirchseeoner. Ihre Perchten bringen Glück und Segen für Haus und Hof. Dass der Brauch lebt und sich damit auch verändert, zeigen die Teilnehmerzahlen: Mitte der 1970er-Jahre zogen 15 bis 20 junge Männer von Haus zu Haus, heute sind es 50 bis 60, und sie sind nicht mehr nur jung und nur männlich. Jeder kann mitmachen, und wenn die Schar wächst, müssen die Schnitzer sich neue Maskenmotive ausdenken. Von denen die anderen, nicht aber sie selbst Albträume kriegen.

**Perchtenlauf in Kirchseeon** · alljährlich von Anfang Dez.–Dreikönigstag
www.perchten-kirchseeon.de

# 08 Ebersberger Forst: Vom Forsthaus zum Wirtshaus

*Von vielen unbemerkt ist die Welt im Dezember 2013 wieder ein Stückchen härter und herzloser geworden: Am 27. des Monats strahlte das ZDF die letzte Folge von »Forsthaus Falkenau« aus. Nach 25 Jahren und 321 Episoden kam das Aus. Die jungen Leute, so hieß es, sähen lieber Krimis.*

**Das ist es dann wohl, das Ende** des romantischen Bilds vom Förster, das schon in den 50er-Jahren etabliert wurde. »Der Förster vom Silberwald« zählt zu den erfolgreichsten deutschsprachigen Filmen und lockte rund 28 Millionen Besucher ins Kino. Zugegeben, der Berufsstand bietet nicht mehr viel Romantik. Das Ökosystem Wald wird heute von Fachleuten gemanagt, die als Forstingenieure oder Forstwissenschaftler ein Studium mit breiter Fächerkombination absolviert haben. Das Bild vom edlen Naturburschen im grünen Loden, der mit seinem Hund durch den Wald streift, Wilderern und Holzdieben Paroli bietet und mit Bäumen und Tieren spricht, passt nicht mehr. Der Förster von heute verbringt 80 Prozent seiner Zeit am Schreibtisch, und seine Dienstwohnung ist längst nicht mehr das Forsthaus.

Dass sich diese Häuser anders nutzen ließen, erkannte man früh – Waldspaziergänge machen bekanntlich durstig. So erhielt das um 1880 erbaute »Forsthaus Hubertus« im Ebersberger Forst bereits 1955 die »Belieferungszusage« einer Brauerei. Die heutigen Wirtsleute haben es mit viel Deko geschmückt, die bestimmt kein Förster in Wohnung oder Garten hatte, aber drinnen wie im Biergarten sitzt man gemütlich, die Küche bietet regionale und Bio-Produkte, Service und Preis stimmen. Das mitten im Wald gelegene Wirtshaus ist ein ideales Ausflugsziel für Familien: Man kann die Kinder getrost aus den Augen lassen, hier toben sie ungefährdet. Entsprechend familienorientiert ist auch das Veranstaltungsprogramm. Im Sommer findet das Waldfest statt und in der Adventszeit kommt der Nikolaus mit Rauschebart und Engelein in seiner Kutsche angefahren. Wenn Petrus dann noch mitspielt und den »Silberwald« liefert, kann man über mangelnde Romantik nicht klagen.

**»Forsthaus St. Hubertus«** · Mitte März–Mitte Jan. Do–Sa ab 17.30, So 11–18 Uhr
St. Hubertus 1 · 85560 Ebersberg · Tel. 08092/857 99 96 · www.forsthaushubertus.de

Bis 1979 hatte die Forstverwaltung noch ein Geschäftszimmer im Forsthaus (oben).
Heute dient es nur noch als Ausflugsziel und gemütlicher Treff mitten im Wald (unten).

Jede der Linden erinnert an einen im Ersten Weltkrieg getöteten Ebersberger.

# Ebersberg: Die Botschaft der Bäume

09

*Alleebäume sind keine Solisten. Ihre Wirkung entfaltet sich im gemeinsamen Auftritt. Wie Soldaten stehen sie in Reih und Glied. Der Einzelne fügt sich, geht unter in der Masse. Eine Symbolik, die sich anders als bei manchen modernen Mahn- oder Gedenkstätten ohne Worte erschließt und tief berührt.*

**Im Ersten Weltkrieg starben fast 200 000** bayerische Soldaten. Der Großteil der Gefallenen wurde an der Front verscharrt, wie der Ebersberger Johann Bodmeier berichtet: »Noch acht Tage später legten wir Massengräber an, und grässlich ist eine solche Arbeit, wenn man bedenkt, in welchem Zustand sich die Toten befanden, zerstückelt, in die Erde getreten, voll Modergeruch und voll Wasser angesaugt.« Jede Familie, jede Gemeinde hatte Tote zu beklagen. Rituale, die zur Trauerarbeit gehören – Totenwachen, Beerdigungen, Grabbesuche – gab es nicht. Die kollektive Trauer fand ihren Ausdruck in Kriegerdenkmälern, die in Massen produziert wurden – man konnte sie per Katalog bestellen. Ikonographisch verbinden sie Erinnerung mit der Vorbereitung auf Revanche, das Ebersberger Denkmal von 1922 im Ort zeigt den Drachentöter Georg – die Feinde sollen erzittern vor seinem Schwert.

Doch die Ebersberger beließen es nicht beim martialischen Gedenken. Ab 1929 begannen sie, eine Linde für jeden der 84 getöteten Männer zu pflanzen. An den Stämmen weiße Metallschilder, das kleine grüne Dach, das schützend über jede Tafel ragt, wirkt anrührend. Ansonsten nur Information im Telegrammstil: Rang, Name, Alter, Einheit, Todesdatum, Todesart. Abkürzungen aus dem Amtsdeutsch, sogar wie die Männer ihr Leben ließen, versteckt sich hinter drei Buchstaben: »gef.« Die Gefallenen sind chronologisch aufgeführt, der erste starb am 10.8.1914. In diesem Jahr herrschte noch Siegesstimmung, auch in Ebersberg. Der Turm, der damals errichtet wurde, war der »Siegesturm«. Heute heißt er neutral Aussichtsturm. Die »Heldenallee« behielt ihren Namen. Warum auch nicht. Gibt es einen besseren Ort, um sich Gedanken über Helden und Heldentum zu machen?

**Heldenallee (autofrei)** · von der Ludwigshöhe zum Klostersee
der Aussichtsturm an der Ludwigshöhe ist kostenlos zugänglich · 85560 Ebersberg

# 10 Neuhausen: Kein Killer, kein Opfer

**Killerkreuz. Kam hier einer zu Tode,** meuchlings gemordet? Wenn ja, dann war der Mörder ein Ästhet: drei mächtige alte Ahornbäume, die, aus der Distanz betrachtet, rechts und links je von einem Kirchturm gerahmt werden, ein malerischer Tatort. Aber – falsch kombiniert. Erstens: Das Kreuz wurde etwa um 1870 errichtet, damals war ein Mörder noch kein »Killer«. Zweitens: Es handelt sich um ein Feldkreuz, das den Heiland und seine Mutter zeigt und nicht an ein Unglück erinnert, sondern zum Innehalten, zum Gebet auffordert. Warum also Killerkreuz? Es ist der Hausname, vermutlich lebte hier ein Köhler oder Kilian. So einfach ist das. Fall gelöst.

**Killerkreuz** · 85560 Ebersberg-Neuhausen (westl. Ortsende)
etwa 700 Feldkreuze gibt es im Landkreis Ebersberg

# 11 Forstinning: Rückschüttmühlenromantik

**Die Kinder, sagt man gerne,** wenn Gespräche mal wieder in Richtung Kulturpessimismus driften, wüssten nicht mehr, wie unsere Lebensmittel entstehen. Aber wissen's die Eltern? Haben die eine Ahnung, was eine Rückschüttmühle ist? Dann wird's höchste Zeit für einen Familienausflug nach Forstinning. Die Wolfmühle gehört zu den wenigen noch aktiven Getreidemühlen, und die Besitzer, die das Unternehmen schon in der vierten Generation betreiben, haben sie zu einem Ziel für naturferne Städter gemacht. Auf der Terrasse am Bach sitzt man wunderschön, es finden Mühlenführungen statt, einmal im Jahr wird das Mühlenfest gefeiert. Und was auf den Tisch kommt oder im Laden verkauft wird, ist alles bio.

**Wolfmühle 1** · 85661 Forstinning · Gartencafé März–Okt. So 12–18 Uhr, Laden Di–Fr 9–18, Sa 8–13 Uhr · jeden Pfingstmontag Mühlenfest · www.wolfmuehle.de

Gummistiefel einpacken – in der Wolfmühle dürfen die Kinder planschen (oben).
Die Wolfmühle gehört zu den wenigen noch aktiven Getreidemühlen (unten).

Früher trieb der Bach die Mühle an, heute trägt er zum Ambiente bei (oben).
»Wo Wasser ist, dreht sich immer was«, war das Motto von Johann Seidl (unten).

12

# Ismaning: Obatzt is!

*Wo bleibt Brüssel? Wie kann es angehen, dass ein wildes Volk im Süden Deutschlands macht, was es will, und niemand herbeieilt, um eine regionale Käsespezialität ins Raster der EU-Normen zu pressen? Agieren in Brüssel bayerische Obatzder-Lobbyisten, fließen Bestechungsgelder zum Erhalt der Vielfalt?*

**Die einen schwören auf Kümmel,** was andere zurückweisen – sie würzen nur mit mildem Paprikapulver. Camembert oder Brie? Vermengt mit einem Stich Butter oder Frischkäse? Auch bei den Zwiebeln scheiden sich die Geister: gar nicht, fein gewürfelt beigemischt oder als Ringe drapiert. Gleich wie er zubereitet wird, ob er mild schmeckt oder kräftig – die Wirte dürfen ihr Produkt Obatzder nennen und miteinander in Wettstreit treten, wer den besten kreiert. Dabei schneidet der »Gasthof zur Mühle« in Ismaning besonders gut ab. Ein Bier, eine Brezn zum Obatzdn, Kastanien und das Rauschen des Bachs, der früher die Jungmüllersche Mühle antrieb – der Gasthof mit dem schönen Biergarten ist seit vier Generationen im Besitz der Familie Seidl.

»Wo Wasser ist, dreht sich immer was«, war das Motto von Johann, der das Anwesen erwarb. Der Sohn Anton erbaute 1894 die Gastwirtschaft, die – denkmalgeschützt – noch heute erhalten ist. Was seine Nachfahren mit Wasser machen würden, konnte Johann nicht ahnen: Das Hotel bietet Schwimmbad und Sauna, und in den Konferenzräumen steht Mineralwasser bereit für die Geschäftsleute, die hier tagen. Die Verkehrsanbindung ist ideal. Seit 1992 der neue Münchner Flughafen eröffnet wurde, lautet das Motto: »Wo Flugzeuge sind, dreht sich immer was.« Wenn man über Geschäfte spricht, darf das Geschäftsessen nicht fehlen, und da bietet die Küche Feinstes auf internationalem Niveau. Die Tradition kommt dabei nicht zu kurz: Im Biergarten darf man noch immer die eigene Brotzeit mitbringen. Auch den Obatzdn, wenn man meint, dass man ihn besser macht als der Koch der Mühle.

▶ **In dem hübschen Schlosspark von Ismaning blieb ein Pavillon erhalten, der als Galerie dient. Dort finden wechselnde interessante Ausstellungen statt.**

**»Gasthof und Hotel zur Mühle«** · Kirchplatz · 85737 Ismaning · Tel. 089/96 09 30
www.hotel-muehle.de

# 13 Ismaning: Kraut für den Bischof

*Gibt es Steigerungsformen von Kraut? Im Bairischen schon: »krauterer, krautest«. »Dees krauteste Kraut werd z' Ismaning baut«, lautet ein alter Spruch. Ein anderer reicht ebenfalls weit zurück, ein Seufzer, der erstmals 1509 erklang: »Oh mei, oh mei: Uns hams ghaut. Hätt man bloß koa Bischofskraut!«*

**Ghaut. Auf Hochdeutsch klingt das dramatischer:** vom Schicksal geschlagen. Ein hartes Los trugen sie also, die Ismaninger. Und das fast 300 Jahre lang. Bis zur Säkularisation band der Pakt die Bauern, den sie 1509 mit Bischof Philipp von Freising geschlossen hatten. Der überließ ihnen die Krautäcker als Gemeineigentum und forderte als Gegenleistung, »jährlich zu der Hofhaltung zu Freising 2500 zeitige Krautköpf zu liefern«. Und zwar das »schenst und sauberst ausklaubte« Kraut. Die kirchlichen Herren wussten schon immer, was gut war, und das Kraut aus Ismaning war nun mal das »krauteste«. Das lag einerseits am Boden (Kalktuff), andererseits an der Sorte, die die Bauern über Jahrhunderte gezüchtet hatten. Das »Ismaninger Weißkraut« ist hell, flachköpfig und besonders mild. 1890 erhielt es auf der Weltausstellung in Paris eine Goldmedaille und wurde damit zum Exportartikel. Damals aber war die große Zeit des Kohls als Hauptnahrungsmittel, Vitaminlieferant und vor allem als Gemüse, das sich in Form von Sauerkraut konservieren ließ, schon vorbei. 1810 wurde die Konservendose erfunden, und in die wanderte nun auch das Sauerkraut – mit entsprechendem Qualitätsverlust.

Der Anbau der alten Kultursorte ist arbeitsintensiv und nicht sehr ertragreich. Und so gibt es nur noch wenige Bauern, die das Ismaninger Kraut anbieten. Einer von ihnen ist der junge Gärtnermeister und durch eine Facharbeit ausgewiesene Sauerkrautexperte Adolf Sieber vom Holzerhof. Als zweites Standbein haben sich Vater und Sohn dem Obstanbau zugewandt. Die Idee, aus dem Obst Marmeladen zu machen und Brände zu destillieren, ist naheliegend. Aber einen Krautschnaps brennen und Sauerkrautschokolade kreieren, das kann nur einer: ein echter Sauerkrautexperte.

**Holzers Hofladen** · Mo–Fr 8.30–12.30, 14–18.30, Mi 8.30–12.30, Sa 8.30–13.30 Uhr
**Holzerhof** · Münchner Str. 70 · 85737 Ismaning · Tel. 089/96 64 02 · www.holzerhof.eu

Aus Obst kann jeder Brände destillieren, beim Holzer gibt's Schnaps aus Kraut.

# 14 Dachau: Kein Haus, ein Ort

*In den Dekaden nach dem Krieg fürchteten die Dachauerinnen nichts mehr, als dass ihr Baby zu früh zur Welt käme und sie die Entbindungsstation in München nicht erreichen würden. Dachau, weltweit Synonym für Konzentrationslager – das Stigma dieses Geburtsorts wollten sie ihren Kindern ersparen.*

**Hätten die Nationalsozialisten im März 1933** hier nicht das erste Konzentrationslager errichtet, würde man mit Dachau heute Ähnliches assoziieren wie mit Worpswede: »bedeutende Künstlerkolonie«. An großen Namen fehlt es nicht, ebensowenig wie an Werken der Landschaftsmaler, die hier Ende des 18., Anfang des 19. Jahrhunderts ihre Motive fanden. So aber steht Dachau für mehr als 200 000 Inhaftierte und rund 42 000 Ermordete. Die Stadt muss, so sehen es die Bewohner, die Rolle des Sündenbocks übernehmen für Verbrechen, die allen Deutschen anzulasten sind. Als ehemalige KZ-Häftlinge 1965 die Einrichtung einer Gedenkstätte erwirkten, beschlossen die Dachauer, diese einfach zu ignorieren: Kein Wegweiser führte vom Bahnhof dorthin, Einrichtungen, die den Besuchern den Aufenthalt angenehmer gemacht hätten, stießen auf Ablehnung.

Heute sieht es ganz anders aus: Schautafeln begleiten den Weg der Häftlinge vom Bahnhof ins Lager, und 2009 eröffnete das Besucherzentrum. Von den Architekten wurde Zurückhaltung verlangt – der Neubau durfte die Gedenkstätte nicht dominieren. So orientierte man sich nicht an der Bausubstanz, sondern am angrenzenden lichten Baumbestand. »Kein Haus, sondern einen Ort zu bauen, schien uns die richtige Herangehensweise«, so der Architekt Florian Nagler. Der »Ort« ist ein Flachbau, das Dach ruht auf nebeneinander aufgereihten Holzpfählen. Wie in der Natur stehen die grauen Stämme locker und unterschiedlich geneigt, Tageslicht durchflutet den Innenraum. Nun hat die Gedenkstätte endlich, was bislang fehlte: ein Servicezentrum mit Café und Buchhandlung und einen Raum zur Sammlung und Vorbereitung auf das, was die Besucher an diesem traumatisch besetzten Ort erwartet.

**Besucherzentrum KZ-Gedenkstätte Dachau** · 9–17 Uhr · Pater-Roth-Str. 2 · 85221 Dachau
Tel. 08131/66 99 70 · www.kz-gedenkstaette-dachau.de

# Mariabrunn: Heilendes Wasser, süffiges Bier

15

*»Ich will Dich in das kleine Dorf führen, wo die Geschichten spielen. Du bist schon dort gewesen oder doch daran vorbeigefahren, aber Du hast nicht Acht darauf gehabt. Denn wer die Gegend nur flüchtig sieht, mag sie wohl für reizlos halten«, schrieb Ludwig Thoma in seinem Erstlingswerk »Agricola«.*

**Thoma lebte von 1894 bis 1897 in Dachau** und verliebte sich in dieses sanft geschwungene Land und die Dörfer, »wo die Geschichten spielen«. Auch Mariabrunn hat viel zu erzählen, und die Schlosswirtschaft mit ihrem schattigen Biergarten ist der rechte Ort, um hineinzulauschen in die Vergangenheit. Der Duft von frischen Brezn, das Klirren der Bierkrüge, das süffige Mariabrunn Dunkel … Durst hatte auch der Waldarbeiter Georg Schlairböck. Den stillte er im Jahr 1662 an einer Quelle – und siehe da, das Bruchleiden, das ihn jahrelang gequält hatte, verschwand. Natürlich hatte Maria das heilende Wasser sprudeln lassen (wir sind in Bayern), und so entstand der Wallfahrtsort Mariabrunn. Das war die erste Geschichte.

Die zweite beginnt mit Amalie Hohenester, Spross einer berüchtigten Familie. Räuberei und Wilderei lagen in den Genen, die Mutter war »Engelmacherin«. Die Tochter brachte keine Schande über die Familie, auch sie wurde mehrmals verhaftet. Von der Mutter erlernte Amalie die Kräuterheilkunde, doch als sie ihre eigene Praxis eröffnete, kam es wieder zur Anklage: Kurpfuscherei und Quacksalberei. Dahinter standen die Neider – die »Doktorbäuerin« war gut und verdiente gut. 1862 erwarb sie das Kurbad Mariabrunn und beugte weiteren Klagen vor, indem sie pro forma einen Arzt einstellte. Bald hatte sie auch Protektion: Zu ihren Patienten gehörten hochgestellte Persönlichkeiten aus ganz Europa, auch Kaiserin Sissi war da. Mit 50 Jahren war Amalie steinreich, aber auch schon tot. Ein trauriges Ende. Weitere Geschichten? Lassen Sie sich inspirieren. Von dem imposanten Taubenhaus im Gutshof oder der Kapelle, die sich im Besitz der Wirtsleute befindet. Hier wird gern geheiratet, und so eine Ehegeschichte kann ja auch ein Happy End haben.

**»Schlosswirtschaft Mariabrunn«** · Mi–Fr 17–24, Sa, So 11–24 Uhr, Biergarten im Sommer ab 11 Uhr · 85244 Mariabrunn · Tel. 08139/86 61 · www.schlosswirtschaft-mariabrunn.de

Auch Hunde lieben den Mariabrunner Biergarten – es könnte ja was zu fressen abfallen.

# 16 Unterweikertshofen: Hecken und Bäume

*Wer mit Kindern unterwegs ist, sollte mit ihnen vor der Fahrt nach Unterweikertshofen »Harry Potter und der Feuerkelch« lesen. Das Schuljahr in Hogwarts endet mit dem Trimagischen Turnier. Um die letzte Aufgabe zu lösen, muss Harry den Weg durch ein Labyrinth finden und magische Wesen bekämpfen.*

**Der Dementor entpuppt sich als Irrwicht,** ein Knallrümpfiger Kröter bedroht Harry, und die Sphinx stellt rätselhafte Fragen. Und als Harry in der Mitte des Labyrinths angekommen ist, transportiert ihn der Pokal zu Voldemort … Potter-Fans kennen die Geschichte und können sie immer wieder lesen.

Damit die Kinder nicht nur das Fürchten lernen, kann man ihnen den Unterschied zwischen Labyrinth und Irrgarten erklären. Das Labyrinth führt auf verschlungenem Weg, aber geradlinig zum Mittelpunkt. Ein Ort, geschaffen zum Kontemplieren und Meditieren, man kann seinen Gedanken nachhängen und muss nicht fürchten, sich zu verlaufen. Was ein Irrgarten ist, wird nicht erklärt, sondern in Unterweikertshofen erlebt: Verirren zwischen den Hainbuchenhecken, die richtigen Abzweigungen suchen, in Sackgassen landen, rufen »hier war'n wir schon« und »nein, sicher nicht, da ist der Weg«. Und schließlich den Triumph genießen, wenn die Mitte erreicht ist.

So dicht die Hainbuchhecken sein mögen, im Winter verlieren auch sie die Blätter. Dann bietet der Ort eine andere Attraktion: In der Adventszeit findet gegenüber dem Gräflich von Hundt'schen Schloss ein Christkindlmarkt statt, der sich wohltuend von denen unterscheidet, die in den Städten auf jeder ebenen Fläche wuchern. Überwiegend lokale Handwerker und Hobbykünstler bieten ihre Produkte an: Selbstgestricktes, Naturkosmetik, Holzspielzeug, Glaskunst und allerlei hausgemachte kulinarische Schmankerl. Und, für Kinder ein ganz besonderer Hit, im gräflichen Forst kann man sich seinen Christbaum aussuchen und ihn eigenhändig fällen. 10 000 Bäume – aber keine Angst, Verirren ist nicht möglich, der Wald ist beleuchtet, und der »Christbaumexpress« transportiert alle sicher wieder zum Ort.

**Heckenlabyrinth Unterweikertshofen** · im Sommer So 14–18 Uhr, in den Schulferien tägl. 14–18 Uhr · St.-Gabinus-Weg · www.heckenlabyrinth.de

# Altomünster: Das Erbe des Alto

17

*»Dies ist der schönste Kirchturm in meinem Königreich«, soll König Ludwig I. gesagt haben. Und das verwundert. Wie seine Bauten nicht nur in München beweisen, ließ Ludwig nur die Formensprache der Antike gelten. Und Kirche wie Turm von St. Alto und St. Birgitta in Altomünster erstrahlen in reinstem Rokoko.*

**Es war nicht die Schönheit, die Ludwig** veranlasste, Altomünster 1841 als erstes Nonnenkloster nach der Säkularisation wieder zuzulassen. Die Verstaatlichung kirchlicher Güter gehörte zu den Reformen, die Kanzler Montgelas Anfang des 19. Jahrhunderts durchgeführt hatte. Ludwig mochte weder Montgelas noch dessen Politik, und so drehte er das Rad zurück. Schließlich waren die Klöster die Keimzellen der bayerischen Kultur. Auch Altomünster gehört zu den frühen Gründungen. Der Eremit Alto wird 760 erstmals urkundlich erwähnt. Dem Kloster hinterließ er seine Hirnschale und sein Messer. Letzteres ein sehr praktisches Erbstück: Alto markierte damit die zu rodenden Bäume, und die fielen einfach um. Auch die Altoquelle hat bleibenden Wert. Sie speist noch heute den Brunnen auf dem hübschen Marktplatz.

Wie Alto die Quelle mit seinem Stab entspringen ließ, zeigt ein Fresko von Joseph Mages in der Kirche. Mit deren Bau wurde 1763 Johann Michael Fischer beauftragt, der hier vor neue Herausforderungen gestellt wurde. Seit 1488 gehörte das Kloster dem Birgittenorden und wurde nach den Regeln der Gründerin als Doppelkloster geführt. Mönche und Nonnen bewohnten getrennte Trakte, den Gottesdienst besuchten sie gemeinsam. Aber ohne Sichtkontakt: Sie saßen auf verschiedenen Ebenen. Fischer musste also einen gestaffelten Raum gestalten und nutzte geschickt die Hanglage, um die fast 60 Meter lange Kirche gemäß den Vorgaben zu errichten. Tonangebend bei den Birgitten waren übrigens die Frauen. Im Deckenfresko im Hauptraum ist deutlich zu sehen, dass die Nonnen höher stehen als die Mönche.

▶ **Außen Barock, innen ein Jugendstiltheater. Und ein Brauereimuseum. Selbstgebrautes Bier, gepflegte bayerische Küche. Das gibt's beim »Kapplerbräu« in Altomünster.**

**St. Alto und St. Birgitta** · geöffnet So 10–17 Uhr, tägl. 9–17 Uhr nur vom Vorraum aus Blick ins Innere · St. Birgittenhof 7 · 85250 Altomünster

# 18 Fürstenfeldbruck: Ein großer kleiner Finger

*Wer den Stinkefinger zeigt, muss in die Tasche greifen: 600 bis 4000 Euro Bußgeld verhängen die Gerichte. Die »Bavaria« vor den Kadi zu schleppen, ist schon wegen ihres Gewichts unmöglich: 87 Tonnen. Außerdem zeigt sie in Fürstenfeldbruck nicht den mittleren Finger, sondern nur das oberste Glied des kleinen.*

**Das Land der Bayern wird von zwei Patroninnen** beschützt: Maria ist für die religiösen Angelegenheiten zuständig, Bavaria für die weltlichen. Letzterer ein kolossales Denkmal zu setzen, gehörte zu den Lebenszielen König Ludwigs I. Die ersten Entwürfe ließ er bereits 1824 zeichnen, damals war er noch Kronprinz. Als die Bavaria schließlich 1850 enthüllt wurde, hatte der König abgedankt, und es gab protokollarische Schwierigkeiten: Die Feier für den Ex-König durfte nicht als Kritik am amtierenden Herrscher verstanden werden. Schließlich bekam Ludwig die Ehre, die ihm zustand. Hatte er den Bau doch aus seiner Privattasche finanziert und für Bronzenachschub gesorgt, indem er reihenweise Statuen aus der Kunstsammlung der Wittelsbacher einschmelzen ließ. Die Feier war gebührend, mit Reden für den »Kunstbeschützer« und einem Festtrunk, den man dem Geehrten stilvoll reichte: im kleinen Finger der Bavaria. Der fasst drei Liter, ist 31 Zentimeter hoch und hat einen unteren Durchmesser von 15 Zentimetern. Ein Duplikat steht heute in Fürstenfeldbruck vor dem Geburtshaus von Ferdinand von Miller.

Als erster Inspektor der Königlichen Erzgießerei in München war Miller für den Guss der Bavaria verantwortlich – eine technische Meisterleistung, die ihm den Adelstitel brachte. Dies und die Aufträge, die er als Schöpfer der damals größten Bronzestatue der Neuzeit erhielt, mögen ihn getröstet haben. Denn nicht nur Ludwig steckte Geld in die Bavaria, auch Miller zahlte drauf. Er musste die Gusskosten vorstrecken und erhielt nur einen Teil zurück.

Ferdinand reichte Ludwig den kleinen Finger, sein Sohn Oskar von Miller nahm die ganze Hand der Bavaria – 1907 ließ er einen originalgetreuen Nachguss anfertigen und stellte ihn in »sein« Deutsches Museum.

**Fürstenfeldbruck** · Hauptstr. 15
der Finger steht auf dem Gehweg vor dem Geburtshaus von Ferdinand von Miller

# Schöngeising: Licht in allen Straßen

19

*1889 beschloss der Magistrat des Marktes Bruck, den Ort mit »laufendem Wasser« zu versorgen. Diesen Fortschritt hatten die Brucker ihrem Bürgermeister zu verdanken. Er hieß Johann Baptist Miller und hatte einen Neffen: Oskar. Und der wollte nicht nur Wasser, sondern Strom und Licht für die Gemeinde.*

**Wer mit Oskar von Miller »Deutsches Museum«** assoziiert, liegt richtig. Aber Miller war mehr als nur dessen Gründer, er gehörte zu den Pionieren der Elektrotechnik. 1882 hatte er auf der Internationalen Elektrizitäts-Ausstellung im Münchner Glaspalast demonstriert, dass Strom sich »transportieren« lässt. Diese erste Stromübertragung der Welt war eine Sensation. Vorbei die Zeit, wo Energie nur dort verbraucht werden konnte, wo sie erzeugt wurde. Miller wusste, dass diese Innovation weitreichende Veränderungen bringen würde. Und da kam die verwandtschaftliche Beziehung gerade recht, um ein Pilotprojekt zu starten. Statt die Elektrizität nur für den Betrieb der Brunnenpumpen zu nutzen, schlug er vor, ganz Fürstenfeldbruck mit Strom zu versorgen und erbaute in Schöngeising an der Amper das erste Elektrizitätswerk Bayerns. Es ist seit 1892 in Betrieb – Miller war weitsichtig genug, drei Turbinen einzubauen, obwohl anfangs zwei vollauf genügt hätten.

Auch was die Versorgung der Bevölkerung betraf, hatte er Visionen. Strom sollte kein Luxusprodukt sein, sondern Aufschwung für alle bringen, vor allem für die Handwerker. Anders als in den Großstädten wurden in Fürstenfeldbruck alle Straßen elektrifiziert, niedrige Strompreise sorgten dafür, dass jeder sich den Anschluss leisten konnte. Und die Gemeinde erhielt eine Straßenbeleuchtung: acht Bogenlampen und 80 Glühbirnen an Wandarmen.

Peinlich nur, dass während der Eröffnungsrede Millers plötzlich im ganzen Ort das Licht ausging. Der Grund war schnell gefunden, wie Miller schreibt: »Werksingenieure und Monteure hatten nämlich in Schöngeising die Eröffnung auf ihre Art im Wirtshaus gefeiert und deshalb nicht sehen können, dass an der Maschine ein Treibriemen herabgefallen war.«

**Amperwerk** · Amperstr. 3 · 82296 Schöngeising · Besichtigung nur von außen möglich

Das erste Elektrizitätswerk Bayerns in Schöngeising ist seit 1892 in Betrieb.

# 20 Jesenwang: Sterne, Blüten, Hufgetrappel

*Der Schutzpatron der Pferde und zuständig für alle Bauernanliegen ist St. Leonhard. Und so hätte man es dem heiligen Willibald nicht verübeln können, wenn er die Jesenwanger abgewiesen hätte, als sie ihn 1712 um Hilfe baten. »Pferdeseuche? Tut mir leid, Kinder. Nicht mein Ressort, geht zum Kollegen.«*

**Aber Willibald ließ den Amtsschimmel nicht wiehern.** Er pfiff auf den Dienstweg und half. Nachdem die Jesenwanger sich dem Heiligen »verlobt« hatten, blieben ihre Pferde von der Seuche verschont. Es war das zweite und letzte Mal, dass Willibald sich als Viehpatron betätigte, denn im Grunde lag das unter seiner Würde: Er war im 8. Jahrhundert Bischof von Eichstätt gewesen, ein gebildeter Mann, und so zeigt ihn auch die spätgotische Statue im Hochalter der Wallfahrtskirche – mit Stab und einem Buch.

Diese Kirche stammt aus dem 15. Jahrhundert und ist ein einzigartiges Kleinod. Sie gehört zu den wenigen spätmittelalterlichen Gotteshäusern, die von der barocken Überzuckerung verschont blieben. Die gotische Flachdecke gilt als die größte und bedeutendste Altbayerns. Sie ist mit Sternen und 594 Blumen verziert, auf der Unter- und Stirnseite der Empore sind noch mal 151 Blüten zu sehen – kein florales Motiv gleicht dem anderen. Ein reich figuriertes Netzgewölbe mit Schlusssteinen, an der Nordwand der Apsis Reste eines Freskos – Liebhaber der Gotik kommen hier voll auf ihre Kosten.

Einzigartig ist auch der Willibaldritt, der jedes Jahr im Juli stattfindet. Wie weit der Brauch zurückreicht, ist ungewiss. Die Veranstalter datieren ihn auf 1722, Volkskundler behaupten, dass es keine Belege vor dem ausgehenden 18. Jahrhundert gibt. Aber diese Wissenschaftler mit ihren »Belegen« können manchmal echte Spaßbremsen sein. Rund 300 Pferde, Mensch und Tier festlich geschmückt im feierlichen Zug vom Ort zur Kirche, Glockengeläut; vor dem Nordportal erhalten die Tiere den Segen und dann schreiten sie durchs Kirchenschiff und verlassen das Gotteshaus durchs Südportal. Eine »Ride In-Kirche«, das gibt's in ganz Europa nur einmal – in Jesenwang.

**Willibaldritt** · Sonntag um den 7. Juli · Kirche: Sa, So 9–18, im Winter bis ca. 16 Uhr geöffnet
St. Willibald 1 (Straße n. Fürstenfeldbruck) · www.willibaldritt-jesenwang.de

So was gibt's nur einmal in Europa: eine Kirche, durch die Pferde schreiten.

In den Senken, die der Torfabbau hinterließ, sammelt sich heute das Wasser (oben).
Tiere und seltene Pflanzen finden im Haspelmoor Schutz und Lebensraum (unten).

# Haspelmoor: Baumwollbällchen und Purpurteppich

21

*Das Haspelmoor ist eine der ältesten und bedeutendsten archäologischen Fundstätten im südlichen Oberbayern, und so weiß man, dass hier bereits vor 11 500 Jahren Menschen lebten. Unter idealen Bedingungen: Ein See mitten im Urwald, Fisch, Holz und Tiere, die zum Trinken kamen und zur Beute wurden.*

**Urwald, ein See, der versumpfte,** Landschaft, die sich über Jahrtausende veränderte. Und jetzt: Renaturierung des Haspelmoors – da stellt sich die Frage, in welcher ihrer vielen Formen die Natur zurückgebildet werden soll. Die Antwort ist klar. Es geht um den Versuch, wiederherzustellen, was der Mensch durch seinen Raubbau zerstört hat. Und der fand nicht in der Mittelsteinzeit statt, sondern im 19. Jahrhundert. 1840 wurde die Bahnlinie von München nach Augsburg eröffnet und als Pioniertat gefeiert: Es war die erste Strecke in Deutschland, die durch ein Moor verlief. In der Folge kam es zu weiteren Trockenlegungen und zum großflächigen Abbau der Torfvorkommen. Teilweise waren bis zu 1600 Arbeiter beschäftigt, sie zogen Entwässerungsgräben, stachen den Torf und lebten unter haarsträubenden Verhältnissen.

**▶ Seit 40 Jahren gibt es das Montagsbrettl in Hörbach. Auf der Kleinkunstbühne im »Wirtshaus zum Sandmeir« standen schon alle, die in der Szene einen Namen haben.**

Vom Moor blieb nicht viel übrig, das Haspelmoor trägt zu Recht die Bezeichnung »nördlichster Hochmoorrest des bayerischen Alpenvorlandes«. Den Tieren und seltenen Pflanzen, wie Rosmarinheide und Rundblättrigem Sonnentau, bietet dieses Relikt mit seinen Tümpeln und Feuchtwiesen Schutz und Lebensraum. Über den Wasserflächen schwirren Libellen, Eidechsen und Blindschleichen suchen das Sonnenlicht. Zarte Birkenstämme setzen schwarz-weiße Tupfer, und wenn das Scheidige Wollgras seine Fruchtstände ausgebildet hat, wirkt es, als schwebten Tausende von Baumwollbällchen über dem Grün. Lange Monate geizt die Natur mit Farben, im September aber hat die Besenheide ihren fulminanten Auftritt und bedeckt die großen, rechteckigen Parzellen, die noch vom Torfabbau zeugen, wie ein purpurfarbener Teppich.

**Haspelmoor** · zwischen Hattenhofen und Hörbach · vom Parkplatz aus führt ein 1,2 km langer Weg durch die Moorlandschaft · www.haspelmoor.de

# 22 Pestenacker: Ab in die Steinzeit

**»Oberbayern, wie Sie es noch nicht kennen«,** verspricht dieses Buch. Und jetzt? Ein alter Hut. Wirklich alt. Der Spitzhut aus Leinen, Eichenbaststreifen und Leder wurde vor ca. 5500 Jahren getragen und ist das älteste textile Bekleidungsstück Bayerns. Gefunden wurde er in der Siedlung von Pestenacker, seit 2011 Weltkulturerbe der UNESCO. Was die Archäologen sonst noch aus dem Moor förderten, ist in dem kleinen Museum zu sehen, aber die Veranstalter wollen nicht nur Nachbauten und Exponate zeigen. Ihr Motto lautet »Steinzeit erleben durch eigene Erfahrung«: Brotbacken im Lehmofen, Feuermachen und für Kinder die Steinzeitnacht gehören zum Angebot.

**Prähistorische Siedlung Pestenacker** · Sa, So 14–17 Uhr, werktags n. Vereinb. · an der Staatsstraße 2052 · 86947 Weil · Tel. 08195/99392 47 · www.prähistorische-siedlung-pestenacker.de

# 23 Planegg: Schlemmeregg

**Wenn die Einheimischen behaupten,** sie hätten die beste Eisdiele und die Schnitzel beim »Kottmeier« seien einfach sensationell, ebenso exquisit wie die Kreationen des lokalen Konditors, muss man ihnen nicht glauben. Lokalpatriotismus treibt oft bunte Blüten.

Entdeckt man aber Autokennzeichen, die beweisen, dass Genießer auch aus anderen Landkreisen zum »Pe.Es. Kottmeier« pilgern, sieht man die Schlangen, die sich vor dem »Café Richter« oder dem »Purogelato« stauen, weicht die Skepsis. Wirklich beurteilen, ob die Planegger angeben oder nicht, kann jeder nur selbst. Auf einer Skala von 1 bis 10, wie schneidet Planegg kulinarisch ab? Lokalpatriotismus oder Schlemmeregg?

**»Pe.Es. Kottmeier«** · Bräuhausstr. 18 · Garten an der Würm · **»Café Richter«** · Bahnhofstr. 47 Kuchen, Torten · **»Purogelato«** · Poststr. 4 · hausgemachtes Eis

Dieser Hut zierte vor 5500 Jahren den Kopf seines Trägers (oben).
Beim »Kottmeier« sitzt man direkt an der Würm – da schmeckt's gleich noch besser (unten).

Viele würden diesen Baum gerne klauen, doch solange er steht, ist er tabu.

# Unterbrunn: Wo die Meisterdiebe wohnen

24

*Die Unterbrunner geben sich immer große Mühe bei der Gestaltung ihres Maibaums: Der Rautenaufriss am Fuß des Stamms wird viergleisig weiß-blau gestaltet, der Löwe auf der Spitze trägt echtes Blattgold. Doch das allein erklärt nicht, warum gerade dieser Baum das Objekt allgemeiner Begierde ist.*

**Den Unterbrunnern den Maibaum klauen.** Ihnen einmal die Schmach antun, die sie anderen zugefügt haben. Davon träumen viele. Aber es ist noch keinem gelungen, die Meisterdiebe zu bestehlen, die ihrerseits jedes Jahr einen neuen Rekord aufstellen. 2014 wurden die Fürstenfeldbrucker Opfer eines der dreistesten Coups. Baum Nummer 63 in der Erfolgsbilanz der Unterbrunner war im Fliegerhorst versteckt – auf militärischem Sicherheitsgebiet. Nicht die Auslöse, Bier und Brotzeit, schmerzte die Bestohlenen, es war die Schande.

Ein Maibaum, der steht, ist tabu. Aber die Stämme müssen regelmäßig ersetzt werden. Und dann wird's spannend. Wenn der neue Baum gefällt ist und sich im Ort befindet, dürfen die Diebe zuschlagen. Manche Burschenvereine machen es sich einfach und schließen den Stamm in einer Halle ein, andere schieben rund um die Uhr Wache.

Das Versteck und den Bewachungsmodus auszuspionieren, ist Aufgabe der Vortrupps. Wenn die Unterbrunner dann zuschlagen, geht's um alles oder nichts: So ein Stamm ist rund fünf Tonnen schwer und etwa 30 Meter lang, da rücken 50 bis 70 Mann an, Gerät zum Transport muss bereitstehen. 15 Minuten dauert der Klau, gelungen aber ist er erst, wenn die Diebe die Ortsgrenze überschritten haben. Werden sie vorher entdeckt, kann jeder den Abtransport verhindern. Einmal war's ein Hund in Handtaschengröße, dessen Bellen Herrchen auf den Plan brachte. Einer der wenigen Misserfolge der Unterbrunner. Doch das gehört dazu. Schlimmer wäre, wenn sie beklaut würden. »Das wird nicht passieren«, sagt Jürgen Otto im Brustton der Überzeugung. Er muss es wissen, schließlich war er schon 39-mal dabei, wenn die Burschen von einem ihrer siegreichen Raubzüge zurückkehrten.

**Maibaum Unterbrunn** · vor dem »Landgasthof Böck« · Hauptstr. 13 · 82131 Gauting-Unterbrunn

# 25 Utting: Jugendstil-Juwel

*Wer oder was ist ein Gasteiger? a) Münchner, der am Gasteig wohnt; b) Nachname eines Künstlerehepaars; c) eine knetbare Dichtung für Gasleitungen; d) anerkennende Bezeichnung für einen jungen Burschen, der beim Fensterln das Zimmer der Angebetenen über eine steil (gach) angelehnte Leiter erreicht.*

**Richtig ist b): Gasteiger Anna Sophie (1877–1954),** Malerin und eine der wenigen Frauen, die sich vor 1914 auf dem Münchner Kunstmarkt etablieren konnten. Gasteiger Mathias (1871–1934), Bildhauer. Sein berühmtestes Werk ist das »Brunnenbuberl«, das heute in München vor der Neuhauserstraße 20 steht und nach seiner Enthüllung 1895 für einen Skandal sorgte, weil der Bub unbekleidet ist. Prüde Konservative schickten mehr als 300 Bubenhöschen in Gasteigers Atelier, doch der Knabe blieb, wie die Natur und der Bildhauer ihn schufen. Skandalös war damals einiges in der Münchner Kunstszene: Die Gründung der Münchner Secession 1892 als Gegenbewegung zum von der Akademie bestimmten Kunstbetrieb und die Begründung des Jugendstils, dessen Name sich von der Zeitschrift »Jugend« ableitet.

1902 erwarben die Gasteigers ein Grundstück am Ufer des Ammersees und gestalteten Garten wie Sommerhaus als Gesamtkunstwerk. Den englischen Landschaftspark schmücken Brunnen und Skulpturen von ihm, die Räume statteten sie im Jugendstil aus. Jedes Detail, so die Forderung der Zeit, auch Alltagsgegenstände, sollte von Künstlerhand geschaffen werden. Stoffe, Tapeten, Fliesen – die Entwürfe lieferte Anna Sophie, das Material für das prächtige Marmorbad stammt aus den Steinbrüchen, die Gasteiger gehörten. Die Gasteigers waren Pioniere, bald folgten andere und bildeten die »Künstlerkolonie Holzhausen«. Die Tochter vermachte das Anwesen dem Freistaat und so blieb dieses einzigartige Ensemble im Münchner Jugendstil erhalten und ist als Museum zugänglich. In der gemütlichen Bauernstube kann man sich übrigens das Jawort geben, auch wenn man kein Bürger der Gemeinde Utting ist und bis dato nicht wusste, wer oder was ein Gasteiger ist.

**Künstlerhaus Gasteiger** · April–Okt. So 14–17 Uhr · weitere Führungen nach Vereinbarung
Eduard-Thöny-Str. 43 · 86919 Holzhausen · Tel. 08806/699

In diesem Garten fand Anna Sophie Gasteiger Anregungen für ihre Blumenstillleben (oben).
Das Künstlerehepaar Gasteiger gestaltete Garten und Haus als Gesamtkunstwerk (unten).

Ihr Garten soll schöner werden? Hier können Sie sich inspirieren lassen (oben).
Das denkmalgeschützte, 1810 errichtete Bauernhaus birgt ein kleines, feines Hotel (unten).

26

# Dießen: Töpfer mit Tradition

**Für Keramiker ist die Erde eine Scheibe.** Und in deren Zentrum hat Dießen als einer der Top-Ten-Töpfermärkte in Europa seinen festen Platz. Diese Position verdankt der Ort dem Keramiker Ernst Lösche. Der wollte 1962 einen Baum pflanzen und stieß auf Keramikbruch. Ein Fund, der belegte, dass hier schon andere Töpfer vor Lösche tätig waren. Er forschte weiter und konnte belegen, was längst in Vergessenheit geraten war: Dießen war vom 11. bis zum 18. Jahrhundert ein bedeutendes Zentrum der Keramikmanufaktur. Das kleine Museum gibt einen historischen Überblick, besonders schön ist der Park, in dem Keramikobjekte zauberhafte Akzente setzen.

**Loesche Keramik** · Am Kirchsteig 19 · 86911 Dießen · Tel. 08807/18 77
**Töpfermarkt** · Christi Himmelfahrt vier Tage · Museum: Markttage 10–18 Uhr, sonst n. Vereinb.

27

# Herrsching: Top Secret

**Egoismus ist kein schöner Charakterzug.** Aber manchmal ist er notwendig. Zum Beispiel, wenn man ein Hotel entdeckt hat, in dem es nur neun Zimmer gibt. Also stapeln Sie tief, wenn Freunde fragen, wo Sie in Herrsching absteigen: »Altes Bauernhaus, nein, liegt nicht am Wasser. Aber ruhig.«

Kein Wort über das grandiose Design der Hotelzimmer, die kuscheligen Bademäntel und die Sauna. Und bloß nichts über das Restaurant, den Küchenchef und seine fantastischen Kreationen. Sonst buchen Ihnen die Freunde die Zimmer vor der Nase weg, und Sie gehen leer aus, wenn Sie wieder mal ein paar Tage ins Fünf-Seen-Land fahren und im »Romantik Hotel Chalet am Kiental« abschalten wollen.

**Romantik Hotel Chalet am Kiental** · Andechsstr. 4 · 82211 Herrsching am Ammersee
Tel. 08152/98 25 70 · www.gourmetchalet.de

# 28 Andechs: Carl, Carmina und der Klerus

*»Bayerische Niggermusik«, »undeutsch«, »pornographisch«, schimpfte die Reichsmusikkammer nach der Uraufführung der »Carmina Burana« 1937. Für jeden anderen hätte dieses Verdikt das Ende bedeutet. Aber Carl Orff hatte Glück. Hitler mochte seine Musik, die »Carmina Burana« kam nicht auf den Index.*

**Dass auch der Klerus Probleme** mit der »szenischen Kantate« hatte – zu sexy, zu viele saufende kirchliche Würdenträger –, ist längst vergessen. Die »Carmina Burana« gehört zum Repertoire aller Kirchenchöre, fröhlich hallt's durchs Kirchenschiff: »Ich bin der Abt, der Abt von Cucanien, meinen Rat halte ich mit den Säufern, geneigt bin ich dem Würfelspielorden«.

Odilo Lechner, der Abt von Andechs, suchte sich andere Ratgeber als sein Kollege. Zu ihnen gehörte Orff, der seit 1955 in Dießen lebte. Der Komponist unterhielt enge Beziehungen zum Kloster, und das pflegt sein Erbe und Werk: Seit 1998 finden in Andechs in einem zur modernen Spielstätte umgebauten Wirtschaftsgebäude die Carl-Orff-Festspiele statt.

Auf dem Spielplan steht auch »Die Bernauerin«. Eines der Stücke, das dokumentiert, was der Altbayer Orff so formuliert hat: »Was mir diese meine enge und weitere Heimat gegeben hat, ist eingegangen in meine Werke.« Im Fall der Bernauerin gab ihm die Heimat einen grandiosen Plot: Der einzige Sohn des Herzogs Ernst verliebt sich in eine schöne Baderstochter und nimmt sie heimlich zur Frau. Der Vater kann das nicht akzeptieren und veranlasst, dass Agnes Bernauer 1435 als Hexe in der Donau ertränkt wird. Kurz vor seinem Tod zwickt den Herzog das Gewissen, und davon profitiert Andechs. Er befreit das Kloster aus der Abhängigkeit der Dießener Geistlichkeit und schafft ein eigenes Chorherrenstift. 1455 wird Andechs zum Benediktinerkloster und zur Grablege der Wittelsbacher. Sie und hohe Geistliche des Ordens liegen in der Kirche begraben. Und noch einer fand da seine letzte Ruhestätte, ein Mann, der den Klerus einst mit Sex und Suff schockte: Carl Orff. Grabstätte und Festspiele – sag einer, die Kirche sei nicht lernfähig.

**Kloster Andechs** · Bergstr. 2 · 82346 Andechs · Tel. 08152/376-0
Orff-Festspiele im Florian-Stadl · Mitte Juni–Ende Juli · www.carl-orff-festspiele.de

Andechs – auch ein Pilgerziel für Freunde der Musik von Carl Orff

# 29 Starnberg: Die Wasserspiele der Wittelsbacher

*Zehn Jahre Ehe. Und nur eine Tochter. Das war bitter für Kurfürst Ferdinand Maria und Henriette Adelaide. Kein Wunder, dass sie es krachen ließen, als 1662 endlich ein Sohn geboren wurde: Max Emanuel. Für die Münchner gab's ein Volksfest, und auch Gott und die Mutter wurden reich beschenkt.*

**Der Himmlische erhielt das Haus,** das ihm für erfolgreiche Thronfolgerbereitstellung versprochen worden war: die Theatinerkirche in München. Die Mutter bekam Land inklusive der Mittel, um ein Schloss zu errichten, das der Sohn ausbaute: Nymphenburg. Und Ferdinand Maria hatte sich noch ein weiteres »Wochenbettgeschenk« für die Gattin ausgedacht: ein Schiff. Natürlich kein gewöhnliches – ein Prachtschiff, ein schwimmendes Schloss. 29 Meter lang und 8,40 Meter breit, nach dem Vorbild des Staatsschiffs der Dogen in Venedig gestaltet und nach ihm benannt: »Bucentaur«. So ein Gefährt war

Das Modell im Museum lässt ahnen, wie prächtig die Lustfregatte »Bucentaur« war.

nicht für die Isar gedacht. Die Flotte, zu der auch Küchen-, Keller- und Sommelierschiffe gehörten, wurde am Starnberger See erbaut. Unter Federführung italienischer Handwerker und Ingenieure, die in Turin geborene Henriette Adelaide hätte keine anderen akzeptiert.

Durch den Bau des »Bucentaur« avancierte der Starnberger See zum Freizeitpark der Wittelsbacher, und man mag sich fragen, was die Bauern und Fischer dachten, wenn die höfische Gesellschaft Einzug hielt. »Alle die Herrlichkeiten und curiosen Dinge, die man in Bayern sehen kann, übertrifft der Bucentaur … er muß für ein Wunder der Zeit gelten. Nicht nur steht er weder an Schönheit, noch an Größe dem von Venedig nicht nach, von dem man soviel Aufhebens macht – der bayerische hat noch etwas Lachenderes und Prachtvolleres«, berichtet ein Franzose, der 1671 zu Gast war.

Schnitzwerk, Kanonen, Fontänen, goldene Ruder, riesige Statuen – das Modell im Museum vermittelt einen Eindruck von der Lustfregatte, auf der 500 Menschen feiern konnten. Die fanden neben anderen Zerstreuungen auch »sportliches« Vergnügen: Sie schossen Wild ab, das ihnen im Wasser direkt vor die Flinte getrieben wurde.

**Museum Starnberger See** · Di–So 10–17 Uhr · Possenhofener Str. 5 · 82319 Starnberg
Tel. 08151/44 77 57-0 · www.museum-starnberger-see.de

Gemütlich und authentisch, sein »Stüberl« würde dem Dichter sicher gefallen.

# Berg: Bücher statt Brote

30

*Was haben Lübeck an der Ostsee und Berg am Starnberger See gemein? Beide haben Söhne hervorgebracht, die ihre Geburtsorte literarisch porträtierten und lange als Nestbeschmutzer galten. Und: Sie haben sich mit den Söhnen versöhnt und sind heute stolz auf ihren Thomas Mann und ihren Oskar Maria Graf.*

**In Berg trägt eine Straße seinen Namen,** in Aufkirchen steht ein Denkmal, das den Schriftsteller zeigt. In der kurzen Lederhose und mit Janker natürlich. So ist er auch an der Fassade vom »Oskar Maria Graf Stüberl« dargestellt, im Inneren der gemütlichen Wirtschaft erinnern Fotos an den Bäckersohn, der 1894 hier geboren wurde. Die Familie seiner Mutter bewirtschaftete seit Jahrhunderten einen einsamen Hof in Aufkirchen, und Graf nützt den Roman »Das Leben meiner Mutter«, um die Geschichte des Starnberger Sees weit zurückzuverfolgen. Mit den Augen der Bauern beschreibt er die gravierenden Veränderungen, die im ausgehenden 19. Jahrhundert auch das Leben der kleinen Leute betrafen.

**▶ Informativ und interessant: der Berger Kulturspaziergang. Er führt auch zu dem Holzkreuz im See, das den Fundort der Leiche Ludwigs II. markiert.**

Grafs Lebensweg schien vorgezeichnet: Dorfschule und Bäckerlehre. Doch der Junge entdeckte früh seine Liebe zur Literatur, und ihm die auszuprügeln, wie es der Bruder Max versuchte, misslang. Der 17-Jährige floh nach München, nahm Kontakt zu anarchistischen Kreisen auf und beteiligte sich an der Revolution 1918. Graf war zeitlebens Pazifist und ein aufrechter Linker. Und so erregte es ihn zu Recht, dass seine Werke bei der Bücherverbrennung 1933 fehlten. »Verbrennt mich«, schrieb er in der »Wiener Arbeiter Zeitung«, und sein Freund Bertolt Brecht dichtete: »Tut mir das nicht an! Lasst mich nicht übrig! Habe ich nicht/ Immer die Wahrheit berichtet in meinen Büchern? Und jetzt/ Werd ich von euch wie ein Lügner behandelt! Ich befehle euch:/ Verbrennt mich!« Graf erhielt Satisfaktion: Die Deutsche Studentenschaft organisierte für ihn eine eigene Veranstaltung, bei der seine Bücher den Flammen übergeben wurden.

**»Oskar Maria Graf Stüberl«** · Mo, Mi–So 10–23 Uhr · Grafstr. 9 · 82335 Berg am Starnberger See

# 31 Landsberg: Der Herkomerturm

*Jungfrau und Mutter, das schafft nur eine: Maria. Für alle anderen gilt entweder – oder, und deshalb gibt es in Landsberg zwei Türme: Jungfernturm und Mutterturm. Von ersterem stürzten sich angeblich im Dreißigjährigen Krieg die Frauen in den Lech, um dem Missbrauch durch die Soldaten zu entgehen.*

**Sprungtechnisch unmöglich: Der Jungfernturm** gehört zur alten Stadtbefestigung und liegt viel zu weit vom Fluss entfernt. Der Mutterturm ist näher am Wasser gebaut. Ein wuchtiges, eklektisches Monument im Stil des Historismus – hier wird kein »Mütterlein« geehrt, sondern eine starke Frau: Josephine Herkomer. Wenn ihr Mann, ein Kunsttischler, keine Aufträge hatte, ernährte sie als Musiklehrerin die Familie. Von ihr erbte der 1849 in Waal bei Landsberg geborene Sohn Hubert das musikalische Talent, vom Vater die zeichnerische Begabung. Es müssen aber noch andere Vorfahren hineingemendelt haben, denn Herkomer war ein Universalgenie: Architekt – der Mutterturm wurde nach seinen Entwürfen gebaut –, Maler, Grafiker, Fotograf, Bildhauer, Komponist, Schriftsteller, Film- und Automobilpionier.

Die seit 1997 stattfindende Herkomer-Konkurrenz, die der Auto-Fan 1907 als erste Tourenwagen-Rallye der Welt initiierte, zeigt, dass die Landsberger ihren Sohn nicht vergessen haben. Ganz im Gegensatz zum Rest der Welt: In der Münchner Galerie Schack, in der Neuen Pinakothek – kein Bild von ihm. Zum 100. Todestag 2014 fanden weder in London noch in München Ausstellungen statt. Mit beiden Orten ist Herkomer verbunden, er pendelte zwischen Bayern und England und wurde hier wie dort in den Adelsstand erhoben. Als Porträtmaler spielte er in der ersten Liga, er war so bekannt wie Lenbach. Den kennt jeder, wer Herkomer war, weiß kaum einer. An der Qualität seiner Werke kann es nicht liegen, die Porträts wie die Genrebilder sind fantastisch. Mögen die Metropolen ihn ignorieren – dann muss man eben ins kleine Landsberg fahren, um einen großen Künstler zu entdecken. Der Mutterturm wird saniert, und dann zieht das Herkomer-Museum ein.

**Mutterturm** · Von-Kühlmann-Str. 2 · 86899 Landsberg a. Lech
das Museum wird Ende 2015/Anfang 2016 eröffnet

Der Mutterturm – Hommage des Sohnes an eine starke Frau

# 32 Vilgertshofen: Ohne Worte

*Die Stände sind aufgebaut. Bald werden die Marktschreier ihre Waren anpreisen, Gesprächsfetzen sich mit Gläserklirren und Kinderlachen zur Volksfest-Kakophonie mischen. Doch noch ist es ganz still. Nur Tritte sind zu hören. Schwere Stiefel, Sandalen, klappernde Absätze – Rhythmus, sonst nichts.*

**Eine Prozession mit mehr als 100 Teilnehmern,** die kein Wort sprechen, nicht beten, singen, musizieren – das ist ein nahezu archaisches Erlebnis. Bedrohlich, weil fremd. Anrührend, weil von tiefem, religiösem Ernst getragen. Die Abwesenheit akustischer Stimulanz zwingt die Augen zu Höchstleistungen. Der Blick wandert in die Gesichter, registriert manch schief gerutschte Perücke, sucht die Symbole zu deuten, die die Figuren zeigen.

Bibelfeste tun sich leicht bei der Auslegung: In der Stummen Prozession von Vilgertshofen werden Szenen aus dem Alten und Neuen Testament dargestellt. Da ist Jakob mit dem Rauschebart, König David schreitet mit der Harfe vorbei, Moses trägt die Gesetzestafel. Das blutbefleckte Kleid, das zwei Männer je an einem Ärmel halten und vorzeigen, ist das von Josef, Beweis für den Vater, dass der Sohn tot sei. Im Zentrum steht Jesus, gebeugt unter der Last des Kreuzes; Herodes, Maria, Maria Magdalena begleiten den Zug.

Anders als bei den Oberammergauer Passionsspielen agieren die Darsteller nicht als Schauspieler. Sie gruppieren sich zu lebenden Bildern, verkörpern Figuren, die schon ihre Vorfahren repräsentiert haben: Der Umgang durch die Fluren findet seit 1730 statt, nach brauchtümlichem Recht ist es einzelnen Familien vorbehalten, bestimmte Rollen zu übernehmen. Trotz Verboten in der Zeit der Aufklärung überdauerte der Brauch. Mitte des 19. Jahrhunderts erhielt die Prozession wieder den behördlichen Segen, allerdings mit der Auflage, den Mund zu halten und die Sache nicht ganz so ernst zu nehmen. »Dass die Juden und Henker vorstellenden Akteure wirklich den Kreuzträger misshandeln und dafür von dem umstehenden Volke beschimpft werden«, das geht natürlich nicht bei einer stummen Prozession.

**Prozession Katholische Wallfahrtskirche Vilgertshofen** · Sonntag nach Mariä Himmelfahrt
Ulrichstr. 4 · 86948 Vilgertshofen

# Altenstadt: Strumpfsockert

33

*Wenn ein norddeutscher Arzt sich auf dem Land in Bayern niederlässt, muss er anatomisch umdenken. Kommt nämlich eine Patientin und klagt über Beschwerden im »Fuaß«, tut der Doktor gut daran, das gesamte Bein in Augenschein zu nehmen. Der bairische Fuß reicht nämlich von der großen Zehe bis zur Hüfte.*

**Teile dieses »Fußes« nackt zu zeigen,** war lange Zeit das Privileg der Männer. Nur »Loferl« bedecken das Bein unter der Krachledernen, die gemusterten Wollteile sitzen auf den Waden, und die müssen schon stramm sein, wenn das Mannsbild was hermachen will. Frau zeigt in der klassischen Tracht kein Bein, das Kleid ist in der Regel bodenlang. Selbst wenn die Dirndlträgerin sich frivol gibt und mit fliegenden Röcken auf einem Bierfass tanzt, wie die von Friedrich August von Kaulbach 1881 verewigte Schützenliesl, sieht man nicht Fleisch, sondern weiße Strümpfe. Die waren handgestrickt, die Bauern verwerteten die Schurwolle, das Spinnrad zu drehen gehörte zu den Aufgaben der alten Frauen.

Der erste Strickapparat, der Handkulierstuhl, wurde 1589 in England erfunden. Ein Exemplar ist im Strumpfmuseum in Altenstadt zu sehen. Auf engem Raum, aber übersichtlich präsentiert und so gut ausgeleuchtet, dass die zarten Beinkleider sogar erotisch schimmern, findet man hier alles zum Thema Strumpf. Kostbarkeiten wie eine Handarbeit, in die Perlen eingestrickt wurden, Strümpfe, die man vor dem Zusammennähen bedruckte, und den ersten Perlonstrumpf der Welt. Den stellte die Firma LBO 1938 her, verbotenerweise. »Perlulan« war militärisch wichtiges Material, und nur die Frauen der Werksmanager fanden zu Weihnachten Perlonstrümpfe auf dem Gabentisch. Der Siegeszug der Perlons begann nach dem Krieg. Allerdings unter falschem Namen: Nylons. Die – andere chemische Zusammensetzung, selber schmeichelnder Beineffekt – waren in den USA bereits in den 40er-Jahren zum Inbegriff der Erotik geworden. Da wollte keine deutsche Frau so was Banales wie Perlons tragen, nicht mal eine, die ihr Bein »Fuaß« nennt.

**Werksmuseum Vatter GmbH** · Mo–Fr 9–18, Sa 9–13 Uhr · Niederhofener Str. 10
86972 Altenstadt · Tel. 08861/256 79 01 · www.vatter-v1.de

Bei der Stummen Prozession werden Szenen aus dem Alten und dem Neuen Testament nachgestellt.

S. P.
Q. R

Ideale Wetterbedingungen für einen Flug vor der atemberaubenden Bergkulisse

# Hohenpeißenberg: Alle Wetter

34

*Das Wetter muss stimmen. Schließlich will man sie alle sehen, gestochen scharf vor knallblauem Himmel. Den Krottenkopf und den Säuling, den Bischof und den Frieder, den Großen Daumen und das Hörnle. Kein Wölkchen darf trüben, wenn man den Bergblick vom Logenplatz Hohenpeißenberg genießen will.*

**Also im Internet schauen, wann ideale Wetterbedingungen** herrschen. Und da findet man alles: Temperaturen, Luftdruck, Niederschlag, Feuchtigkeit, Wind. Morgens, mittags, abends, nachts. Drei, fünf, sieben Tage voraus berechnet. »Diese Wetterwerte werden stündlich von der Wetterstation des Deutschen Wetterdienstes (DWD) in Hohenpeißenberg aktualisiert.« Na ja, denkt der Laie, wird schon stimmen, wenn die in Hohenpeißenberg ihr Wetter quasi selber machen. Aber was ist mit Vorhersagen für andere Orte? Wie entstehen die? Um diese und andere Fragen zu beantworten, hat der Deutsche Wetterdienst am Observatorium einen Info-Pavillon eröffnet. Da kann man lernen, dass eine Wetterhütte nicht das artgerechte Terrarium für den Wetterfrosch ist, sondern Instrumente für meteorologisch-klimatologische Messungen behaust. Wetterhütten gibt es schon seit dem 19. Jahrhundert, heute setzt man natürlich andere Techniken ein, um die Ozonschicht zu überwachen, Luftbeimengungen zu messen oder Wettervorhersagen und Warnungen vor Unwettern mittels Radarforschung zu präzisieren.

**▶ Der Wetterlehrpfad führt vom unteren Parkplatz auf den Hohen Peißenberg. Gehzeit ca. 15 Minuten, elf Stationen mit Infotafeln und Quizfragen für Kinder.**

Das Observatorium Hohenpeißenberg ist die älteste Bergwetterstation der Erde, seit 1781 finden ununterbrochen Aufzeichnungen statt. Es waren die Mönche, die erkannten, dass dieser »Berg im Reiche der Schöpfung ein Original seltener Vorzüge« ist. Er eröffnet »in einem unermeßlichen Bezirk des Himmels und der Erde die mannigfaltigste, feyerlichste Aussicht und ist daher sowohl zur Stern- als Witterungskunde der auserlesenste Ort, den man sich irgend wünschen darf«, schrieb der Augustiner-Chorherr Albin Schwaiger 1792.

**Info-Pavillon** · 8–18 Uhr · Observatoriumsführung nach Anmeldung · Albin-Schwaiger-Weg 10
82383 Hohenpeißenberg · Tel. 069/80 62 97 10 · www.hohenpeißenberg.de

# 35 Polling: Vergessene Künstlerkolonie

*»Pfeiffering, wo aber Schnellzüge nicht halten. Sie lassen den Zwiebelturm der Kirche Pfeifferings beiseite liegen, der sich aus der hier noch anspruchslosen Landschaft erhebt.« Pfeiffering, Schauplatz in Thomas Manns Roman »Doktor Faustus«, hat ein konkretes Vorbild: das kleine Klosterdorf Polling.*

**Der »Klammerweiher« und die »baumgekrönte Anhöhe ›Rohmbühel‹«** – hinter den literarischen Schauplätzen verbergen sich der Streicherweiher und der Schafbichl, zwei von 13 Stationen des »Dr.-Faustus-Wegs«, der gut beschildert ins Werk des Nobelpreisträgers einführt. Auch die Schweigestills haben ihr reales Vorbild. Die Familie Schweighart erwarb 1877 einen Teil des 1803 aufgehobenen Klosters und vermietete Atelierräume an Künstler. Im »Doktor Faustus« reagiert die Hausherrin erfreut auf die Ankunft neuer Gäste: Als sie »erfuhr, dass es sich um einen Schriftsteller und einen Musiker handelte, hob sie respektvoll die Brauen und meinte, das sei seltener und interessanter. Kunstmaler gebe es wie Gänseblümchen.«

Diese Maler kamen aus nicht nur aus München, sondern auch aus England, Skandinavien und in großer Zahl aus den USA. Ab den 1870er-Jahren hieß Polling »Amerikanerdorf«. Dominik von König stieß in Amerika auf wertvolles Material bei seinem Versuch zu beweisen, dass seine Gemeinde ein »Ort der Produktion« mit namhaften Künstlern war. Emil Nolde zum Beispiel schrieb, dass er 1898 hier drei Monate »nur landschaftete«. So »anspruchslos« wie Thomas Mann fanden die Maler die Landschaft also wohl nicht – Bauern, Kühe, alte Häuser, Birkenhaine und der Tuffsteinbruch waren beliebte Motive. König konnte bisher 340 Künstler identifizieren, die in Polling aktiv waren – die hiesige Künstlerkolonie ist vergleichbar mit der in Dachau und auf Frauenchiemsee. Erstaunlich, dass man davon bis dato kaum etwas wusste. Diese Bildungslücke lässt sich schließen: Im Museum im Kloster wurde eine Bildergalerie eingerichtet, in der unter anderem Werke von Zügel, Defregger, Wopfner, Haider, Duveneck und Crone zu sehen sind.

**Kloster und Museum** · Kirchplatz · 82398 Polling · März–Dez. So, Feiertage 14–16.30 Uhr und nach Vereinbarung · Tel. 0881/939 00 · Museum Tel. 0881/927 92 50

Im Kloster lagen die Ateliers der Maler, in der Wirtschaft fanden sie Kost und Logis.

Kandinsky, der untreue Liebhaber, hinterließ Spuren, nicht nur auf dem Schränkchen.

# Murnau: Der Millionenkeller

36

*»Mein Toilettenschränkchen hat Kandinsky bemalt (ebenso Spiegel darauf und Nachtkastl), zart und humoristisch. Am mittleren Fach rennen ein ›blauer Reiter‹ und eine dunkle Reiterin. Er wendet sich um nach ihr und winkt und sie rennt was sie kann«, notiert die Malerin Gabriele Münter (1877–1962).*

**Dieser Scherz habe sie manchmal geärgert,** »weil er unwahr ist – denn er wandte sich nie um und sagte nie ›komm mit‹ «. Der Ärger ist begründet. Kandinsky war mit Gabriele Münter verlobt und hatte ihr die Ehe versprochen. Der Erste Weltkrieg durchkreuzte ihre Pläne, der Russe musste Deutschland verlassen. In Schweden wollten sie sich wiedertreffen – Kandinsky erschien nicht. Ihre Briefe ließ er unbeantwortet, zu feige, ihr zu sagen, dass er eine andere geheiratet hatte. Erst 1922 hört sie wieder von ihm – über Mittelsmänner und weil er etwas von ihr will: seine Bilder. Nun kann die Verlassene und Gedemütigte endlich Kontra geben und verweigert die Herausgabe. Rechtsstreit, Vergleich: Ein Teil der Bilder geht in den Besitz Münters über.

1930 kehrt Gabriele Münter wieder in das Haus zurück, wo sie mit Kandinsky glücklich war und eine ihrer intensivsten Schaffensperioden erlebte. Sie hat zwar wieder einen Partner, aber Kandinsky ist omnipräsent: Treppe und Möbel, die er bemalt hat, der Garten, den sie angelegt haben, das ganze Haus, innen wie außen – ein Gemeinschaftswerk. Als das »Russenhaus« 1998/99 renoviert wurde, legte man großen Wert darauf, alles so zu gestalten, wie es 1909 bis 1914 war. Anschauungsmaterial lag vor, Münter hat Haus und Garten oft gemalt. Nur eine Änderung wurde vorgenommen: Wo der Besucherraum ist, befand sich früher ein Verlies, der »Millionenkeller«. Dort hatte Münter Bilder versteckt – eigene, die von Freunden und Kandinskys Hinterlassenschaft – und die »entartete Kunst« so vor der Vernichtung durch die Nazis gerettet. Der »Rosenkrieg« der gedemütigten Frau war für die Kunstwelt ein Segen, Kandinskys Werke blieben erhalten und sind heute Teil der Blaue-Reiter-Sammlung des Münchner Lenbachhauses.

**Münter-Haus** · Di–So 14–17 Uhr · Kottmüllerallee 6 · 82418 Murnau
Tel. 08841/62 88 80

# 37 Oberammergau: Welten hinter Glas

*»Als wir bei Marcs in Sindelsdorf zu Besuch waren (ich glaube es war im Herbst 1911), saßen wir abends alle um den runden Tisch und malten Glasbilder … Angeregt dazu hatte uns der Besuch bei einem Bierbräu in Murnau, der eine Riesensammlung davon in den verschiedensten Stilarten besaß.«*

**Der Bericht über das Treffen in Hause Franz Marcs** stammt von der Frau des Malers August Macke, neun der Glasbilder vom Bierbräu sollten ein Jahr später im Almanach »Der Blaue Reiter« erscheinen. Bilder akademischer Maler kombiniert mit Volkskunst – das war damals revolutionär. Die Expressionisten gingen allerdings von einer falschen Prämisse aus, wie Manfred Brauneck in »Religiöse Volkskunst« schreibt: Sie »unterstellten eine gestalterische Spontaneität, die es in dieser programmistischen Art in der Volkskunst nicht gab. Sie hatten wohl auch kaum Vorstellungen von der seriellen, extrem arbeitsteiligen Herstellung der bäuerlichen Hinterglasmalerei.«

**▶ Oberammergau ist berühmt für seine Holzschnitzereien. Der ideale Ort also, um Schnitzen zu lernen. Kurse bietet u.a. Atlasreisen am Passionstheater.**

Die Glasmalerei in Bayern erlebte ihren Höhepunkt im 18. Jahrhundert, ab etwa 1750 wurde die Technik in der Volkskunst angewandt. Hinterglaswerkstätten gab es in den oberbayerischen Orten Murnau, Uffing, Seehausen und in Oberammergau, wo heute eine der größten Hinterglasbildsammlungen Europas zu besichtigen ist. Vor allem in den Gebieten, wo die Glashütten lagen, wie im Bayerischen Wald und in Böhmen, wurden die Bilder massenweise und wie im Fließbandverfahren hergestellt. Auch wenn sich die Motive nicht groß unterscheiden – man lieferte, was der Markt verlangte, Namenspatrone, biblische Szenen etc. –, entwickelte doch jede Hinterglaswerkstätte ihren eigenen Stil. Das zeigt die Ausstellung »Welten hinter Glas« sehr eindrucksvoll mit Exponaten aus dem Bayerischen Wald, Böhmen und anderen Regionen. Prunkstück der Sammlung sind die Bilder, die einst »bei einem Bierbräu in Murnau« hingen und die Münchner Künstler so faszinierten.

**Pilatushaus** · Mai–Okt. Di–So 13–18 Uhr · Ludwig-Thoma-Str. 10
82487 Oberammergau · Tel. 08822/92 27 40

Das Pilatushaus zeigt eine der größten Sammlungen von Hinterglasbildern in Europa.

Die Dekoration sieht jedes Jahr anders aus, Künstler übernehmen die Gestaltung (oben).
Die Haare dürfen nicht nass werden im Whirlpool, sie könnten in der Kälte brechen (unten).

# Zugspitze: Cool und kalt

38

*In einer Winternacht auf 2600 Meter Höhe auf der Zugspitze erhält das inflationär gebrauchte »cool« seine wahre Bedeutung zurück: kalt. Saukalt, wenn die Sonne sich nach einem grandiosen Schauspiel vor der Bergkulisse verabschiedet hat, der Wind pfeift und sich die Minusgrade gefühlt verdoppeln.*

**Wer sich auf das Abenteuer einlässt,** in einem Hotel zu übernachten, in dem Wände, Decken und Betten aus Schnee geformt sind, muss sich darüber im Klaren sein, dass das nichts für Warmduscher ist. Der Hinweis, dass Kontaktlinsenflüssigkeit einfriert – mit in den Schlafsack nehmen! – und Haare brechen, wenn sie im Whirlpool feucht geworden sind, mag manch einem vor Augen führen, auf was er sich da eingelassen hat. Aber nun ist es zu spät: Die letzte Bahn ist bereits auf dem Weg ins Tal. Die Hotelgäste sind allein, nur für sie geht die Sonne unter, das Erlebnis, hoch über den Wolken unter dem Sternenhimmel zu wandern, bleibt ihnen vorbehalten.

Zurückgekehrt von der Nachtwanderung empfindet man die Temperaturen im Iglu-Dorf – um die Gefriergrenze – als angenehm. So ein Dorf darf man sich nicht als eine Ansammlung von kleinen Rundbauten vorstellen. Von außen wirkt es wie ein riesiger Schneehaufen mit Eingängen. Die führen in ein Tunnelsystem, Gänge verbinden Zimmer, Bar, Küche, Toilette, Whirlpools und das Aufenthalts-Iglu. Die Anlage wird jedes Jahr neu und mit Hilfe von aufblasbaren Ballons gebaut. Die Innenausstattung mit fantastischen Reliefs und Eisplastiken übernehmen Künstler.

Zum Abendessen gibt's Käsefondue. Und manche Gäste sehen aus, als spielten sie Schokoladenessen: Mütze, Schal, Handschuhe erwürfeln und dann den Brotbrocken in den Topf tauchen.

Mütze, Schal, Handschuhe. Isolierendes Material auf den Schneebetten, Schlafsäcke im »Komfortbereich«. Trotzdem ist es kalt. Aber spätestens, wenn man als erster auf den frisch präparierten Pisten hinunterwedelt, der Zivilisation und der warmen Dusche entgegen, weiß man: Das war cool.

**Iglu-Dorf** · im Skigebiet auf dem Zugspitzplatt · www.iglu-dorf.com

# 39 Schachen: Oben, »weit, in der Türkei«

*Ein Buch über Bayern ohne Ludwig II. – das geht gar nicht. Und da trifft es sich gut, dass es ein Ziel gibt, das nicht von Touristen aus aller Welt gestürmt wird. Der Grund: Es ist nur für Gipfelstürmer erreichbar. Keine Autostraße, kein Lift, wer zum Schachenhaus will, muss Beinarbeit leisten.*

**Der König kam selbstverständlich nicht** auf Schusters Rappen – er ließ sich im Einspänner transportieren wie eine Zeichnung von Gustav Sundblad zeigt, die 1873 in der »Gartenlaube« erschien: Berge, mächtige Nadelbäume, im Vordergrund drei Lastenträger mit schwerbeladenen Kraxen. Der König ist nur ganz klein zu sehen, fast wirkt er selbst wie eine Last, die emporgezogen wird – so ein niedriger, offener Einspänner ist kein Gefährt, in dem Majestät repräsentativ dargestellt werden könnte.

**▶ Im Botanischen Alpengarten, der unterhalb des Hauses liegt, sind über 1000 Pflanzenarten aus verschiedenen Hochgebirgsregionen der Welt zu sehen.**

Wenig repräsentativ wirkt auch das Haus, das auf einem kleinen Plateau auf 1866 Meter Höhe thront: Ein schlichter hölzerner Bau, wohlproportioniert, aber für Ludwigs Verhältnisse klein und vor allem schnörkellos. Auch die Räume im Erdgeschoss könnte jeder wohlhabende Bürger eingerichtet haben: Filzteppich in den Farben weiß und blau, Zirbelholzvertäfelung, einfache Eichenmöbel. Märchenkönig, was ist los? Haben wir dafür Schweiß auf dem Mountainbike vergossen? Ist das der Lohn für den dreistündigen Aufstieg?

Keine Angst, auf den »Kini« ist Verlass. Schließlich gibt es noch ein Obergeschoss, in dem Ludwig alljährlich am 25. August seinen Geburts- und Namenstag feierte, und dort, im »Türkischen Saal«, kommt's knüppeldick. Kostbare Orientteppiche, ein maurischer Springbrunnen, Pfauenfedern, Kandelaber, Gold, Gold, Gold, Stickereien auf Hockern und Diwanen, große, farbige Bleiglasfenster, durch die schummriges Licht fällt – orientalische Pracht pur, inspiriert vom Palast des Sultans Selim III. Goethe verortete die Türkei noch »hinten, weit«, in Bayern thront sie dank Ludwig ganz »oben, weit«.

**Königshaus am Schachen** · Juni–Okt. (witterungsabhängig)
Besichtigung nur mit Führung 11, 13, 14, 15 Uhr (max. 30 Pers.) · erreichbar z.B. ab Ellmau

Hier feierte Ludwig II. seinen Geburtstag, seine Fans erhalten diese Tradition.

Der Namensgeber ziert die Fassade des Gasthofs, Rasso war angeblich 2,50 Meter groß.

# Partenkirchen: Raetia und Rasso

40

*Die zwei mussten heiraten, Hitler wollte es so. Schließlich waren sie in Erwartung: 1936 sollten die Olympischen Winterspiele kommen. Dass die beiden ihre Eigenständigkeit gerne bewahrt hätten, interessierte den Führer nicht. Die NSDAP übte massiven Druck aus, 1935 entstand Garmisch-Partenkirchen.*

**Dass die beiden ihre Vereinigung als Mesalliance empfanden,** ist historisch nachvollziehbar: Bis zum Aufkommen des Tourismus Ende des 19. Jahrhunderts war Garmisch ein Dorf, in dem Fischer und Flößer lebten, während Partenkirchen auf eine lange Geschichte als Handelsstation zurückblicken kann. »Partanum« nannten die Römer den Ort an der Via Raetia, die über die Alpen nach Augsburg führte. Im Hochmittelalter, als die Fugger in Augsburg ihr Handelsimperium errichteten, prosperierte auch Partenkirchen.

Es war Garmisch, der Parvenü, der in dieser Zwangsehe seine Unschuld verlor. Vor allem im Zentrum ist von dörflichem Charme nicht mehr viel zu spüren. Das abseits der großen Touristenströme gelegene Partenkirchen hatte mehr Glück, der Kommerz treibt hier keine allzu wilden Blüten, und mit der historischen Ludwigstraße, die dem Lauf der Via Raetia folgt, blieb ein Ensemble von Bauten erhalten, die alles vereinen, was als »typisch oberbayerisch« gilt: Prächtige Häuser, vom Wohlstand ihrer Besitzer zeugend, Lüftlmalerei, Hausmadonnen und Heiligenfiguren an den Fassaden. Und natürlich eine Traditionswirtschaft, die die beiden Grundfesten des Landes vereint – Bier und Katholizismus. Im 16. Jahrhundert gehörte der »Gasthof zum Rassen« Benediktinern aus Andechs. Deren Verehrung galt Rasso, einem angeblich 2,50 Meter großen Grafen, der wacker gegen die Ungarn kämpfte. Von ihm leitet sich der Name »Rassen« ab, als Figur schmückt er die Fassade – wer hier isst und trinkt, muss nicht fürchten, Nierensteine zu bekommen: Rasso ist für Stein- und Bruchleiden zuständig.

▶ **Sakralgegenstände, bäuerliche Volkskunst und Wohnkultur – die Sammlung des Werdenfels Museums (Ludwigstr. 47) ist reichhaltig und sehenswert.**

**Garmisch-Partenkirchen** · Ludwigstraße in Partenkirchen
Ensemble von Bauten, die überwiegend in der Zeit nach 1865 entstanden

# 41 Urfeld: Ihr Haus, sein See

*Hausbau nach Art des Machos, so geht's: Ein Künstlerehepaar entdeckt ein wunderschönes Fleckchen Erde. Er erlaubt ihr, dort ein Haus zu bauen und stellt Bedingungen: keine störenden Nachbarn, freier Blick auf den ganzen See. Und: Das Bauvorhaben sei in seiner Gegenwart mit keinem Wort zu erwähnen.*

**Sie macht und tut. Lässt Land roden,** damit der Gatte freie Sicht hat. Schlägt sich mit Behörden und Handwerkern herum, beschafft Baumaterial – 1919, nach dem Ersten Weltkrieg, der alle Rohstoffe verschlungen hatte, eine Bravourleistung. Und dann ziehen sie ein, und er verbietet ihr »strikt«, den Walchensee, auf den sie beide blicken, je zu malen. Sie sei noch jung, sie solle sich andere Motive suchen.

Charlotte Berend-Corinth fügte sich wohl um des ehelichen Friedens willen, den die Familie in ihrem Sommerdomizil auch fand: »Friede lag über dem

Der Walchensee – ein Motiv, das der Maler Lovis Corinth ganz für sich beanspruchte.

Haus, das ich gebaut hatte, das meine eigenste Idee gewesen war«, schreibt Charlotte. Sie hatte den 22 Jahre älteren Lovis in Berlin kennengelernt, wohin Corinth, unzufrieden mit der Münchner Kunstszene, 1901 gezogen war. Er war ihr Lehrer, sie sein Modell, 1903 heirateten die beiden. 1918 feierte Lovis Corinth seinen 60. Geburtstag in Urfeld, ein Jahr später war das Ferienhaus oberhalb des Walchensees vollendet, in dem der Künstler sein Spätwerk schuf: Stillleben, Porträts und Bilder vom Walchensee. 60 Ölbilder zeigen die Landschaft zu allen Tages- und Jahreszeiten. Die Walchenseebilder waren auch ein wirtschaftlicher Erfolg, sie wurden ihm, so schrieb er, »förmlich von der Staffelei gerissen«. »Jeder Berliner wollte so ein Bild aus jener bayerischen Gebirgsecke besitzen, und so kam es, dass ich nebst dem Stillleben ein Spezialist für diesen schönen Winkel vom Walchensee wurde.«

Auf den Spuren dieses Spezialisten kann man heute wandern: Der mit Thementafeln bestückte Lovis-Corinth-Weg führt auch am Sommerhaus vorbei. Ölbilder vom See wird man im Walchensee-Museum vergeblich suchen, aber es sind Grafiken und Radierungen von Corinth zu sehen. Und: ein Werk von Charlotte – ein Porträt, den See durfte sie ja nicht malen.

**Lovis-Corinth-Weg** · Höhenweg (2,5 km, Höhendiff. 56 m) · vom Walchensee-Museum zu Corinths Sommerhäuschen, über die Kesselberg-Passhöhe zurück nach Urfeld

# 42 Kochel: Birnen mit Schlagrahm

*Vorbei die Zeiten, als man im Museumscafé trockene Sandwiches und Kaffee bekam, der nach stundenlangem Intimkontakt zwischen Glaskanne und Wärmeplatte jegliches Aroma verloren hatte. Heute bespielen Spitzengastronomen die Musentempel, und was sie kreieren, ist mehr als nur Knochenbeigabe zum Kunstgenuss.*

**Warme Holztöne, viel Weiß – das Restaurant & Café »Blauer Reiter«** präsentiert sich modern und schnörkellos. Terrasse, Blick auf den Kochelsee und die Berge, erlesene Weinkarte und innovative Küche – kein Wunder, dass sich hier nicht nur Museumsgäste niederlassen, sondern auch viele wegen des Essens kommen. Für den Wirt ist das eine Herausforderung, muss er doch dem Gast, der nur eine Kleinigkeit will, ebenso gerecht werden wie jenen, die ein Menü zelebrieren. Wenn Gruppen durchs Franz Marc Museum strömen, kann's hektisch werden, aber das Personal hat das gut im Griff.

▶ **In einem verwunschenen Bauerngarten sitzen und Kuchen essen, der schmeckt, als hätte ihn die Oma gemacht – solche Wonnen bietet das »Café Giggerer«, Kalmbachstr. 13.**

Nur der Gast, der nach dem Mahl in die Museumsräume tritt, mag Schwierigkeiten bekommen. So aufs Kulinarische gepolt, kann es passieren, dass man vor einem Bild von Franz Marc aus dem Jahr 1911 steht und denkt: Stillleben. Birnen mit Schlagrahm. Stimmt nicht, es sind »Hocken im Schnee«. Hocken sehen aus wie Heuhaufen, in deren Mitte Stangen stecken, aber sie bestehen aus Riedgras. Marc hat dieses Motiv immer wieder gemalt, 1910 noch naturalistisch, 1911 dann in Rot, Gelb, Grün, den Grundfarben, die er nach langem Ringen als die der »Wesensform« (»ich male überhaupt nur mehr das Allereinfachste«) angemessenen »Wesensfarben« gefunden hatte. Mit diesen Grundfarben arbeiteten auch die Mitglieder der Künstlergruppe »Brücke«, von denen das Museum ebenfalls Werke zeigt.

Farbenlehre, Bilder vergleichen, Parallelen finden – ein bisschen viel für ein Hirn, das nach dem Essen nicht optimal mit Blut versorgt wird. Vielleicht ist es besser, erst ins Museum und dann ins Restaurant zu gehen.

**»Restaurant & Café Blauer Reiter«** · Di–So 10–17 Uhr · Franz-Marc-Park 8–10
82431 Kochel am See · Tel. 08851/929 28 60 · www.restaurant-blauerreiter.de

Nicht nur Museumsbesucher genießen die gute Küche des »Blauen Reiter«.

Den Störchen gefällt es so gut hier, dass sie im Winter nicht nach Süden fliegen (oben).
Lebendiges Brauchtum: die Fronleichnamsprozession in Benediktbeuern (unten)

# Benediktbeuern: Die Storchenwürde ist unantastbar

43

*Mietfrei wohnen in einem Penthouse hoch oben auf dem Kloster. Freud und Leid mit der ganzen Gemeinde teilen: Jubel, wenn Nachwuchs kommt, zur Adoleszenz ein Ringlein als Geschenk, im Todesfall kollektive Trauer und ein würdiges Grab auf Klosterland. Storch in Benediktbeuern müsste man sein.*

**Auch über die Verköstigung kann Meister Adebar** sich nicht beschweren: Die 3600 Hektar großen Loisach-Kochelsee-Moore, durch die der Mensch auf verschiedenen Rundwegen wandern kann, gehören zu den bedeutendsten Moorgebieten Süddeutschlands. Die Störche finden dort einen gedeckten Tisch, und wenn sie geschützte Reptilien, Amphibien oder Insekten fressen, nimmt ihnen das auch niemand übel. Schließlich sind sie Wildtiere.

Wenn's einem so gut geht, warum sollte man dann auf Urlaub fahren? Das denkt sich nicht nur das Benediktbeurer Pärchen, immer mehr Störche überwintern in Deutschland. Die Kälte macht ihnen nichts aus, und solange die Seen und Gräben nicht zufrieren, finden sie ausreichend Nahrung. Wenn's Essen knapp wird, ist der Status »Wildtier« allerdings hinderlich. Pater Karl Geißinger, der im Kloster für das Zentrum für Umwelt und Kultur (ZUK) zuständige Mann, lehnt es ab, zuzufüttern. Er will so wenig wie möglich eingreifen.

Was im Horst geschieht, verfolgen die Benediktbeurer mit Spannung und Anteilnahme. Den Blick ins Nest gewährt eine Kamera, der Monitor steht im Café des ZUK. Da kann man sehen, wie die Eltern brüten, füttern und die Kleinen am Nestrand stehend die Flügel trainieren. Nicht immer kommt die Brut durch, besonders tragisch war es im Sommer 2013: Nach starken Regenfällen fanden die Tiere keine Nahrung, die beiden Küken starben, der geschwächte Vater wurde vom Zug überfahren.

Die Witwe mit Immobilie in Bestlage blieb nicht lang allein. Kurz nach dem Unfall trafen drei Adebare ein, doch die Störchin zeigte kein Interesse. Sie wollte keinen Trost. Aber dass in der Presse stand, ihre Familie sei »würdig« begraben worden, hat sie sicher gefreut.

**Kloster Benediktbeuern** · Nest von der Fraunhoferstr. aus auf einem Klosterdach-Kamin zu sehen, im Café des ZUK Beobachtung via Monitor

# 44 Penzberg: Die Vorzeige-Gemeinde

*Liberalitas Bavariae. Dieses Schlagwort wird gerne eingesetzt, um Liberalität und Freundlichkeit als »Stammeseigenschaft« der Bayern zu bezeichnen. Zweifel an diesem positiven Selbstbild kommen immer dann auf, wenn wieder mal ein bayerischer Politiker Hanebüchenes zur »Ausländerfrage« absondert.*

**Dann schreit die Nation auf,** die Kabarettisten freuen sich, und die Bayern stehen als Deppen da. Ungerecht. Denn in diesem Bundesland gibt es eine Gemeinde, die deutschlandweit als »Modellfall für Integration« gilt und »Zukunftsweisendes für die Bauweise von Moscheen im Westen« geleistet hat.

Penzberg heißt der Ort. Hauptarbeitgeber ist ein pharmazeutischer Global Player, der Leute aus aller Welt beschäftigt. In der 16 000-Einwohner-Stadt leben Menschen aus 70 Nationen, unter ihnen auch rund 600 Muslime. Die mussten ihre Freitagsgebete in einem umgebauten Kuhstall abhalten, verständlich, dass der Imam ein würdigeres Gebetshaus wollte. Moscheebau – dieses Thema führt in anderen Städten zu endlosen Streitereien. Nicht so in Penzberg. Imam Benjamin Idriz setzte von Anfang an auf Dialog – mit den Bürgern, den Politikern, den Vertretern der christlichen Kirchen. Und er legte ein überzeugendes architektonisches Konzept für das »Islamische Forum Penzberg« (IFP) vor. Der quadratische Kalksandsteinbau mit den großen Fensterflächen kommt ohne die sonst übliche Kuppel aus, das Minarett erfüllt seine Funktion nur symbolisch: Der Gebetsruf wurde als Kalligrafie in den 13 Meter hohen Turm eingearbeitet. In dem 2005 eröffneten Komplex nimmt die Moschee nur 40 Prozent der Fläche ein, im restlichen Gebäude befinden sich Bibliothek, Restaurant und Veranstaltungsräume – Einrichtungen, die allen Bürgern zugänglich sind. Die Menschen respektieren einander, der Imam gibt einen weltoffenen, toleranten Kurs vor, Penzberg gilt als »Vorzeigegemeinde«. Nur der bayerische Verfassungsschutz traut dem Frieden nicht, er hat »ein Auge auf die Gemeinde«, obwohl man in drei Jahren der Beobachtung keine verfassungswidrigen Aktivitäten feststellen konnte.

**Islamische Gemeinde Penzberg e.V.** · Bichler Str. 15 · 82377 Penzberg · Tel. 08856/93 23 32
www.islam-penzberg.de

Der Penzberger Bau gilt als Modell für die Moscheen-Architektur im Westen.

Gleich zweimal ist hier zu sehen, warum Gabriel von Seidl seinen Spitznamen erhielt (oben).
Die Häuser in der Marktstraße wurden nach dem Plan von Seidl umgestaltet (unten).

# Bad Tölz: Giebe-Gabi und wie er die Welt sah

45

*Wer von München nach Venedig wandern will, erreicht am Abend des zweiten Tages Bad Tölz. Die Strecke ist 58 Kilometer lang, man geht »immer an der Isar entlang« und »durch Naturschutzgebiet«, steht in den Wanderführern. Lapidare Sätze, aus denen nicht hervorgeht, welchen Sensationswert sie bergen.*

**Ein Flusstal im Süden einer Millionenstadt.** Keine Industrie. Keine Villen von Reichen, die den Blick übers Isartal für sich beanspruchen und Zäune ziehen. Da kann man wandern, radeln, fast immer am Ufer entlang. Das ist eine Sensation und einem Mann zu verdanken, der auch Bad Tölz seinen Stempel aufdrückte: Gabriel von Seidl (1848–1913). Der Architekt gründete 1902 den Isartalverein, der die Zerstörung des Tals verhinderte, indem er Grund und Boden erwarb und ihn für Erholungszwecke zur Verfügung stellte.

Die Natur vor den Folgen der Industrialisierung zu schützen, war nur eines der Anliegen der »Heimatschützer«. Seidl war auch Mitbegründer des »Vereins für Volkskunst und Volkskunde«, der sich für die Bewahrung von Kulturgütern – Handwerk, Literatur, Liedgut etc. – einsetzte. Diese Rückbesinnung auf die Tradition sollte die bayerische Identität stärken. Das Land gehörte seit 1871 zum Deutschen Kaiserreich, durch die Industrialisierung war eine politisch engagierte Arbeiterschaft entstanden – da konnte man schon bangen um die Identität. Und froh sein, dass es den »Giebe-Gabi« gab, der in Bad Tölz in der Marktstraße heile Welt im »Heimatstil« inszenierte: Barocke Eleganz, Lüftlmalerei – besonders schön am Marienstift zu sehen – und jene giebelständigen Häuser, denen der Architekt seinen Spitznamen verdankte. Fast alle Häuser an der Marktstraße wurden nach Seidls Plänen umgestaltet und mit neuen Fassaden versehen. Kosten und Mühen haben sich gelohnt, geformt nach dem Bild von Gabriel von Seidl wurde Tölz »bayerisch«, die »Heimat« hatte ihren Stil gefunden.

**▶ Nach 69 Folgen und dem Tod von Ruth Drexel wurde »Der Bulle von Tölz« eingestellt. Im gleichnamigen Museum (Kapellengasteig 3) lebt die Kultserie wieder auf.**

**Gabriel-von-Seidl-Bauten** · Marktstr. 1, 2 (Marienstift), 17, 41, 43 (Altes Rathaus), 59
83646 Bad Tölz · www.bad-toelz.de

46

# Lenggries: Steine gab's und wenig Brot

*Über dem grauen Himmel liegt eine leuchtend weiße Wolkenschicht. Die Isar, spiegelglatt, umfließt kalkfarbene Inseln, auf denen Frauen zu sehen sind. Eine steht und lenkt den Blick des Betrachters auf die grandiose Wolkenstruktur, die anderen beugen den Rücken, bewegen sich auf Knien über den harten Grund.*

**»Kalksteinsammlerinnen im Isarbett bei Tölz«** heißt das 1883 entstandene Ölgemälde von Joseph Wenglein, das in der Neuen Pinakothek in München hängt. Im Tal der Isar, wo heute gegrillt und gechillt wird, waren ab dem 14. Jahrhundert die »Stoaklauberinnen« unterwegs, und zwar nicht zum Vergnügen: Die Frauen machten sich den Rücken kaputt, weil zu Hause hungrige Mäuler zu stopfen waren. Die Isar hatte ein Herz für die Armen und schwemmte brav Kalksteine aus dem Karwendelgebirge an – bis der Sylvensteinspeicher ihren Lauf bremste. 1958, ein Jahr vor der Vollendung des Stausees, wurde im Kalkofen in Lenggries zum letzten Mal gebrannt.

Dieser Bau aus dem 18. Jahrhundert – er könnte von Antoni Gaudí stammen – ist der letzte freistehende Kalkofen im Isarwinkel. Man betritt ihn über den Vorraum, wo Holz gelagert wurde und der Kalkbrenner lebte, wenn der Ofen in Betrieb war. Die Brenner übten ihr Gewerbe ebenfalls im Nebenerwerb aus. Wie die Luftzufuhr zu regulieren war, wie man die Steine im Brennraum so aufschichtete, dass ein Hohlraum für die Holzstücke blieb – dieses Wissen wanderte über Jahrhunderte von Generation zu Generation. Während des drei bis fünf Tage dauernden Brandes musste rund um die Uhr Holz nachgelegt werden, und das bei Temperaturen von mehr als 1000 Grad. Nach dem Erkalten übergoss man die schneeweißen Steine mit Wasser, es entstand »Sumpfkalk«. Mit einem Brand erzeugten die Lenggrieser drei Kubikmeter Sumpfkalk, der Energieverbrauch war immens: 40 bis 50 Kubikmeter Brennholz.

Der Isarkalk reiste auf Flößen nach München, Passau und bis Budapest. Er steckt in prächtigen Bauten, kunstvollen Stuckarbeiten – vom Schweiß der Frauen und Männer ist nichts mehr zu riechen.

**Kalkofen** · April–Okt. 9–17 Uhr · Kalkofenweg (am westlichen Isarufer)
83661 Lenggries · www.toelzer-land.de, www.lenggries.de

Der Kalkofen in Lenggries war bis 1958 in Betrieb.

Wer in der Stie-Alm übernachtet, kann den Käse schon zum Frühstück genießen (oben).
Der Käse muss ruhen und regelmäßig gewendet, bestrichen und gebürstet werden (unten).

47

# Brauneck, Stie-Alm: Alles Käse

*»Wo kommen die Löcher im Käse her?« Mit dieser Frage provoziert ein kleiner Junge in Kurt Tucholskys gleichnamiger Erzählung ein Familiendrama. Keiner kennt die Antwort, die Erwachsenen zerstreiten sich heillos, das Ganze endet mit Privatbeleidigungsklagen, umgestoßenen Testamenten etc.*

**Heute fragen die Kinder nicht mehr, sie googeln,** die Familie bleibt intakt und kann einen Ausflug planen. Ziel: Die Stie-Alm auf dem Brauneck mit der höchstgelegenen Käserei Bayerns (1500 m). Die Alm bietet Übernachtungsmöglichkeiten und die sollte man nutzen. Dann können die Kinder in der Früh sehen, wie die Kühe zum Melkstall gehen und müssen nicht googeln, wo die Milch herkommt. Schon beim Frühstück wird klar, dass der hier produzierte Käse keine Löcher hat. Und dass er von ausgezeichneter Qualität ist: 2013 erhielt der Bergkäse von der Stie-Alm auf der »Internationalen Almkäseolympiade« eine »Käseharfe in Gold«. Was eine Käseharfe ist und wie sie eingesetzt wird, erfährt man, wenn man den Käser bei seiner Arbeit beobachtet.

Während die Kühe auf der Alm leben, verarbeitet der Käser die Abendmilch vom Vortag zusammen mit der am Morgen gemolkenen jeden Vormittag auf dem Berg. Sie wird in einem Kupferkessel erhitzt, mit Lab versetzt, einem Gerinnungsmittel, das meist aus dem Kälbermagen stammt. Und nun kommt die Käseharfe zum Einsatz: Mit ihr zerschneidet der Käser die Gallerte, es entsteht der Bruch. Der muss in diesem Fall sehr klein zerstückelt werden, denn der Bergkäse ist ein Hartkäse. Den Bruch hebt man mit einem Käsetuch aus dem Kessel, ein Teil der Molke tropft ab, um sie weiter zu reduzieren, füllt man die Masse in eine Form und setzt eine Presse ein. Der Rest ist Ruhen: Der Käse kommt ins Salzbad und dann in den Reifekeller.

Wie gut ein Käse schmeckt, hängt von der Qualität der Milch, sprich von der Qualität des Grases ab, das die Kühe fressen. Die finden auf der Alm eine reich gedeckte Wiese, dazu noch gute Luft und einen schönen Blick zum Karwendel – glückliche Kühe, preisgekrönter Käse.

**Stie-Alm** · Latschenkopf 5 · 83661 Lenggries · Tel. 08042/23 36 · www.stie-alm.de

# 48 Otterfing: Nur wer gegessen wird, überlebt

*Gefährdete Tierrassen – da denkt man automatisch an Exoten, letzte Exemplare ihrer Art, die geschützt in fernen Reservaten oder Zoologischen Gärten leben. Genauso automatisch läuft die Assoziationskette beim Wort »Haustier« ab: Hund, Katze, Hamster, Meerschweinchen, Wellensittich, Zierfische …*

**Haustiere erfreuen die Seele, Nutztiere füllen den Magen.** So denken wir heute und stolpern über den Begriff »alte, gefährdete Haustierrassen«. Hund vom Aussterben bedroht? Wohl kaum. Nein, es geht um Schafe, Ziegen, Kühe, Federvieh, Schweine, Pferde – Tiere, die früher zu Haus und Hof gehörten und in vielfältigen Rassen vorkamen, die sich über Generationen ihrer natürlichen Umgebung in den verschiedenen Regionen angepasst hatten. Diese alten Haustierrassen waren gesund und widerstandsfähig und konnten auch mehrere Funktionen erfüllen. Der Ochse zum Beispiel diente als Arbeitstier und Fleischlieferant. Heute halten die meisten Landwirte nur noch Tiere, die auf Leistung gezüchtet sind: Kühe sollen bis zu 40 Liter Milch am Tag geben, Hühner möglichst viele Eier legen, Puten riesige Brüste entwickeln. Rassen, die keine Turboleistungen erbringen, sterben aus, allein in Deutschland stehen rund 90 auf der Roten Liste.

Schade, denkt man beim Anblick der rotbraunen Murnau-Werdenfelser auf dem Hof der Familie Schlickenrieder, das sind doch wirklich hübsche Kühe. Und die Bergschafe, was für süße Schnauzen! Aber bei dem, was die Schlickenrieders sich zur Aufgabe gemacht haben, geht es nicht um Sentiment. Ihr Betrieb ist weder Gnadenhof noch Streichelzoo. In den Arche-Höfen soll Genmaterial erhalten bleiben, das mit den alten Rassen unwiederbringlich zu verschwinden droht. Schlickenrieders sind Vollerwerbslandwirte, das heißt, sie können die Tiere nur halten, wenn ihre Produkte Absatz finden. Sprich: Aufessen, damit die Rasse erhalten bleibt. Trinken für den guten Zweck geht auch, im Hofladen gibt es neben Bio-Fleisch von Lamm, Rind und Schwein, Naturloden und Fellen auch hausgebrannte Edelschnäpse.

**ArcheHof Schlickenrieder** · Markweg 50 · 83624 Otterfing · Tel. 08024/925 25
www.archehof-schlickenrieder.de

Georg Schlickenrieder und eine seiner Murnau-Werdenfelser Kühe

Das Aquädukt ist sanierungsbedürftig, aber vor dem Abriss wurde es gerettet (oben).
Keine Fata Morgana – in Grub werden Kameltouren angeboten (unten).

# Grub: »Gutes Wasser« für München

49

*Wie das seine Art ist, führte der Teufel Böses im Schilde, als er dieses Tal schuf. Weil München so viele Kirchen hatte, wollte er die Isar umleiten und die Städter austrocknen. Da er aber der Teufel war, konnte er das Wetten nicht lassen: Der Graben sollte vor dem Morgenläuten ausgehoben sein.*

**Dumm, dass er mit dem Mesner gewettet hatte.** Der ließ die Glocken einfach früher läuten. Teufel sauer, Teufelsgraben unvollendet. Was die Schöpfer der Sage nicht wissen konnten: Sie enthält ein Fünkchen Wahrheit. Der Teufelsgraben wurde von der Isar geformt. Allerdings vor 20 000 Jahren, als es weder München noch einen christlichen Gott und somit auch keinen Teufel gab. Nach der Gletscherschmelze blockierte Moränenschutt den ursprünglichen Lauf des Flusses, der suchte sich vorübergehend einen anderen Weg und schuf dieses Tal.

Jahrtausende später: München ist fast 700 Jahre alt, die Bevölkerung wächst explosionsartig und wird regelmäßig durch Seuchen dezimiert. Der Teufel hat ausgedient, im 19. Jahrhundert weiß man, wer für Epidemien verantwortlich ist: Bazillen. Und die katastrophalen hygienischen Zustände. Nachttöpfe werden auf die Straße gekippt, Fäkalien gelangen ins Trinkwasser. Während der Choleraepidemie 1854 geht der Naturwissenschaftler Max von Pettenkofer in die Armenviertel und beschließt: München braucht »gutes Wasser« aus der Mangfall.

Und nun kommt wieder der Teufelsgraben ins Spiel. Den musste die Fernleitung überbrücken. 1890 entstand ein Aquädukt, ein imposanter Bau und denkmalgeschützt als eines der in Deutschland seltenen Werke aus Stampfbeton. Die mit dem Münchner Kindl verzierten Schlusssteine weisen auf den Eigentümer hin: die Stadt München. Die wollte das sanierungsbedürftige Bauwerk schon abreißen lassen, aber da regte sich Bürgerzorn. Nun bröckelt's noch immer, aber das Thema Abriss ist vom Tisch.

▶ **Wenn Sie im Teufelsgraben Wüstenschiffe sehen, ist das keine Fata Morgana. Im Mangfalltal werden Kameltouren angeboten, Treffpunkt ist die Kamelwiese in Grub.**

**Teufelsgraben** · ca. 23 km zwischen Sachsenkam und Grub · Rad- und Wanderwege
Aquädukt bei Grub · Kamelritt: www.bayern-kamele.de

# 50 Gotzing: Kleinbonum in Bayern

*Die Tschüßitis ist eine ansteckende Krankheit, die sich unaufhaltsam von Norden nach Süden ausbreitet. In Bayern sind so viele von ihr befallen, dass die Menschen das Krankheitsbild gar nicht mehr erkennen und eher jene für abnorm halten, die sich mit einem »Servus« oder »Pfiadi« verabschieden.*

**Auch andere Erreger treiben ihr Unwesen.** Sie verursachen das Hallo-Syndrom, Morbus Lecker und die Ok-Diarrhoe. Für den medizinischen Laien: Wenn Sie in einem Wirtshaus mit einem flotten »Hallo« gegrüßt werden, man ihnen den »Schweinebraten« als »superlecker« empfiehlt und die Bedienung die Bestellung mit einem langgezogenen »ookaaay« bestätigt, ist anzunehmen, dass die Küche ebenso wenig authentisch ist wie die Sprache.

Auf der Speisekarte der »Gotzinger Trommel« steht »rustikaler Schweinsbraten mit aran reschn Schwartl«, und der schmeckt nicht nur ausgezeichnet, auch das Bairisch ist korrekt: »In Bayern sagt man Schweinsbraten, weil bei uns ein Schwein so groß ist, dass man mehrere Braten herausbringt. Beim Schweinebraten sind die Viecher so klein, dass mehrere Schweindl nötig sind, um einen Braten zu bekommen«, erläutert die Karte. Die nennt Nockerl »Noggal«, Suppe »Suppm«. Alles ist »hausgmachd« denn der Wirt Hans Triebel legt genauso viel Wert auf die Qualität seiner Küche wie auf die Pflege der Sprache. Das alte Wirtshaus aus dem 17. Jahrhundert als »urig« zu bezeichnen, verbietet sich, es ist eine »Traditionswirtschaft«.

Hans Triebel war mal Vorsitzender des Vereins zur Förderung der bairischen Sprache und Dialekte, jetzt widmet er sich lieber seinem Theater, übersetzt Stücke ins Bairische und tritt auch selbst auf. In der Halle finden regelmäßig Lesungen, Kabarettabende und Musikveranstaltungen mit bekannten Künstlern statt. 2006 hat er übrigens bundesweit für Aufsehen gesorgt, weil er Gotzing zur »Tschüßfreien Zone« erklärte. Kleinbonum in Oberbayern. Doch der Widerstand ist zwecklos. Die Seuche kann man nicht niederprügeln wie römische Legionäre. Sie breitet sich aus. Unsichtbar, aber leider nicht unhörbar.

**»Gotzinger Trommel«** · Mi–So 11–24 Uhr · Gotzing 1 · 83629 Weyarn · Tel. 08020/17 28
www.gotzinger-trommel.de

Hans Triebel sorgte für Aufsehen, als er Gotzing zur »Tschüßfreien Zone« erklärte.

Der ältesten Papiermaschine Europas steht eine moderne Kollegin zur Seite (oben).
Bleistifte und Notizen – hier sind sie gut aufgehoben und zieren den Schreibtisch (unten).

51

# Gmund: Papier für die Welt

*Jedes Jahr blickt die Welt nach Hollywood und sieht dabei nicht nur Stars, sondern auch ein Produkt bayerischer Handwerkskunst. Die bis dato unscheinbaren Umschläge mit den Namen der Oscarpreisträger wurden 2011 durch Designer-Kuverts ersetzt, und das Papier für diese Kunstwerke stammt aus Gmund.*

**Früher belieferte die Büttenpapierfabrik Gmund** den königlichen Hof in München, heute gehen ihre Produkte in die ganze Welt. Tiffany, Hermès, Armani, Lindt, Swarovski zählen zu den Kunden. Kosmetika, Parfüms, Spirituosen – Luxusartikel brauchen nicht nur ein Logo, sie müssen auch luxuriös gewandet auftreten, verpackt in Papier aus Gmund. Hochwertige Imagebroschüren für Firmen, Visitenkarten, Schreibsets – kein Kundenwunsch bleibt unerfüllt. Jedes Jahr entstehen neue Produkte, technische Innovationen, trendige Kollektionen. Qualität hat dabei höchste Priorität, jeder Bogen wird einzeln von Hand geprüft, bevor er seinen Weg in die weite Welt antritt.

Wer Papier nur als Produkt kennt, mit dem man den Drucker füttert, wird bei der Führung durch die Fabrik eine ganz neue Wunderwelt entdecken, haptisch wie visuell. Das Angebot ist immens – die Kombination von Farbe, Gewicht und Prägung ermöglicht eine Vielfalt von 100 000 verschiedenen Papiervariationen. Die superlativverliebten Amerikaner behaupten, dass das Papier für die goldschimmernden Oscar-Umschläge aus der »ältesten Papierfabrik der Welt« stamme. Das stimmt nicht, die Papiermühle wurde erst 1829 gegründet, aber die Gmunder besitzen die älteste Papiermaschine Europas, die noch in Betrieb ist. Sie kam 1883 an den Tegernsee, bestaunt als eisernes, von einer Lokomotive gezogenes Monstrum. Seit 1979 steht ihr eine moderne Kollegin zur Seite.

Die Familie Kohler, die die Firma in der vierten Generation führt, legt nicht nur Wert auf Tradition und Innovation, auch ökologisch führt sie einen Vorzeigebetrieb: Die Aufbereitungsanlage, die das durch die Produktion verfärbte Wasser mithilfe von Ozon reinigt, ist weltweit einzigartig.

**Büttenpapierfabrik** · Mangfallstr. 5 · 83703 Gmund · Tel. 08022/75 00-0 · www.gmund.com
Besichtigung: 1. u. 3. Do im Monat 15.30 Uhr, Anmeldung Touristeninfo Gmund, Tel. 08022/706 03 50

# 52 Tegernsee: Auf den Spuren von Quirin Roth

*An der Uferpromenade von Gmund steht ein Herr, ein Sommerfrischler alter Schule: Hut, Krawatte, Spazierstock. Vor ihm sitzt sein Hund. Der Körper ist bis in die letzte Faser gespannt, fest hat er Herrchens Hand mit dem Stock im Blick, der wird gleich fliegen und dann hinterher, hinein in den See!*

**Bauschan ist der wohl bekannteste Hund in der Literatur,** Thomas Mann hat ihn unsterblich gemacht. »Kaum hatte er die ›Betrachtungen‹, ein Kriegsbuch auf seine Art immerhin, beendet, (ging er) an die bürgerlich-friedlich-humoristische Tier- und Familienidylle ›Herr und Hund‹ «, schreibt Golo Mann in »Erinnerungen und Gedanken«. Der Wunsch nach Normalität – verständlich. Thomas Mann schrieb das »Prosa-Idyll« 1918 während eines Aufenthalts am Tegernsee. Noch immer herrschte Krieg, wie alle anderen hungerte auch die Familie Mann. Der »Sommerfrische« fehlte die Leichtigkeit, war da wirklich Muße, um Stöckchen zu werfen?

**▶ Zu den Künstlern, die hier lebten, gehörte auch der »Simplicissimus«-Zeichner Olaf Gulbransson, ein Museum in Tegernsee zeigt seine Werke (Am Kurgarten 5).**

Egal, das Denkmal von Quirin Roth ist gelungen und macht neugierig auf weitere Arbeiten des Künstlers. Rund um den Tegernsee kann man auf seinen Spuren wandeln und dabei Bronzeplastiken entdecken, die zum Schmunzeln einladen. In Gmund gibt es noch den »Geißbrunnen« vor der Grundschule und den »Familienbrunnen« vor der Sparkasse. In Tegernsee steht das »Mädchen mit den zwei Enten« vor dem Medius. Im Kurgarten in Rottach sind lebensgroß drei Herren versammelt, die hier gelebt haben: Ludwig Thoma, Ludwig Ganghofer und der Tenor Leo Slezak. Auch der Ausflug nach Kreuth zum »Künstlerstein« im Kurpark lohnt. Und in Bad Wiessee wartet das bislang letzte große Werk des Künstlers: Der »Fischbrunnen« am Aquadome. Über so große Fische hätten sich die Mann-Kinder gefreut, als sie 1918 hungerten. Aber sie fingen nur »›Bürschlinge‹, sehr kleine Dinger, und die etwas größeren ›Rotaugen‹, mit denen wir die Tafel belieferten.«

**Quirin-Roth-Plastiken** · Gmund: Uferpromenade, Kirchenweg 7, Wiesseer Str. 1
Tegernsee: Kurgarten 1 · Rottach-Egern: Kurpark · Bad Wiessee: Überfahrtweg 7

Quirin Roth hat Thomas Mann und seinen Hund Bauschan am Seeufer verewigt.

Josef Stallhofer, Mitglied der Gebirgsschützen, bemalte auch Schützenscheiben.

# Hausham: Kunst und Kohle

53

*In der Wiederaufbauphase der im Krieg schwer beschädigten Münchner Residenz geschah es, dass Handwerker Rechnungen für Arbeiten am »Aquarium« einreichten. Man korrigierte sie – nicht Aquarium, Antiquarium. Die Handwerker verstanden. Die nächste Rechnung stellten sie fürs »Antiaquarium«.*

**Auch der Kunstmaler Josef Stallhofer** war an diesen Restaurierungsarbeiten beteiligt. Der Bauernsohn aus Hausham besaß zwar keinen höheren Schulabschluss, aber dass ein Antiquarium eine Sammlung von Altertümern ist, wusste er. Schließlich hatte er an der Münchner Kunstakademie studiert, die den 28-Jährigen 1936 aufnahm, obwohl er kein Abitur hatte. Seine Leistungen bei der Renovierung der Agatharieder Pfarrkirche genügten den Professoren als »Zeugnis der Reife«. Stallhofer starb 1993 und hinterließ den Haushamern seinen Nachlass. Und die präsentieren ihn im Obergeschoss des Gasthofs »Staudenhäusl« in Agathatried: Porträts, hübsche Landschaftsbilder, Skizzen und Schützenscheiben. Letztere übrigens Sujets, die viele Maler im Repertoire hatten und haben, Schützenvereine sind gute Auftraggeber.

**▶ Am ersten Samstag im Monat (14–16 Uhr) hat auch das Bergbaumuseum (Rathaus Hausham) geöffnet, das die 100-jährige Geschichte der Kohleförderung dokumentiert.**

Für Josef Stallhofer war das Scheibenmalen mehr als nur ein Job: Er gehörte zu den Gebirgsschützen, von denen es rund 12 000 in Bayern gibt. Sie führen ihre Tradition ins 15. Jahrhundert zurück und sehen sich als Verteidiger der Heimat und als staatstragende Institution. Als solche braucht man in Bayern zwei Dinge: Den Segen von oben und den Draht zur Politik. Da sind die Gebirgsschützen gut aufgestellt: Ihre Patronin ist Maria, ihr Schutzherr der jeweilige Ministerpräsident. Trotzdem macht man ihnen das Leben schwer: In den Schießständen müssen sie die bemalten Scheiben, die niedriger als zwei Meter hängen, von den Wänden nehmen. Aus Sicherheitsgründen. Und im Freien dürfen sie nicht mehr mit Bleikugeln ballern. Aus Umweltgründen. Wie gut, dass Josef Stallhofer das nicht mehr erleben musste.

**Stallhofer-Ausstellung** · 1. Samstag im Monat 15–18 Uhr, Führungen n. Vereinb · Gasthof »Staudenhäusl« · Agatharied 10 · 83734 Hausham · Tel. 08026/92 94 50 · www.hausham.de

# 54 Schliersee: Sie säen nicht und sie ernten doch

*»Füße vom Tisch« gilt hier nicht. Obwohl die Tafel reich und liebevoll gedeckt ist – »Betreten erlaubt«, mit Schuhen oder ohne. Man darf auch mit den Händen essen, anders geht's gar nicht: bücken, pflücken, Pflanzen zwischen den Fingern zerreiben, riechen und dann den Geschmackssinn urteilen lassen.*

**Christiane Viehweger geht barfuß.** Die Natur mit allen Sinnen zu fühlen, gehört zu dem Erlebnis, das sie bei ihren Kräuterwanderungen vermitteln will. Ob mit oder ohne Schuhe, je länger man mit der Kräuterpädagogin unterwegs ist, desto mehr hat man das Gefühl, mit jedem Schritt eine kleine Kostbarkeit zu zertreten. Löwenzahn: Die Knospen lassen sich einlegen wie Kapern, aus den Blättern kann man Pesto machen. Und die Wurzeln: Klein schneiden, trocknen und dann aufgießen, das entgiftet. Gänseblümchen – in den Salat! Brennnesseln: Blanchieren oder fein hacken und zum Pfannkuchenteig geben. Giersch – geplagte Gartenbesitzer horchen auf – er ist essbar, man kann ihn oral vernichten! Aus Bachläufen fischt Christiane Viehweger Brunnenkresse, vom Flieder und den Ostbäumen zwackt sie Blüten; Spitzwegerich für Kräuterbutter, Ringelblumen für den Blütenquark.

So paradiesisch das klingt – nicht säen und doch ernten –, es sind beileibe nicht alle Pflanzen und alle Teile einer Pflanze essbar. Und man muss sehr genau hinschauen, was man pflückt. Bärlauch und Maiglöckchen zum Beispiel: Der eine ergibt ein köstliches Süppchen, das andere bringt Magen und Darm in Aufruhr.

Zu den Führungen, die je nach Jahreszeit unterschiedliche Themenschwerpunkte setzen, gehört auch immer ein gemeinsames Essen. Und wer bis dato noch skeptisch war und angewidert auf den Rat reagierte, man müsse die Löwenzahnblüten vor der Verarbeitung so hinlegen, dass die Käfer rauslaufen können, der wird nach dem ersten Bissen bestimmt zum Kräuterweiblein oder Wurzelsepp. Und von nun an jede Wiese mit anderen Augen sehen: als Teeplantage, Hausapotheke, Kräutergarten, Gemüsebeet.

**Wildkräuterkuchl** · Christiane Viehweger · Wanderungen März–Okt. · Josefstaler Str. 21d
83727 Schliersee/Josefstal · Tel. 0171/760 43 78 · www.wildkraeuterkuchl.de

Für Christiane Viehweger sind Wiesen Hausapotheke, Kräutergarten und Teeplantage.

# 55 Bayrischzell: Lufttürme statt Almhütten

*Was sind Lufthütten? Luftschlösser für Arme? Nein, es sind Produkte der Reformbewegung des ausgehenden 19. Jahrhunderts, die den »zivilisationsgeschädigten« Menschen erlösen und heilen wollte. Der Weg hieß »Zurück zur Natur«, und dabei sollte auch der Körper mit Licht und Luft in Berührung kommen.*

**Licht und Luft – beides fehlte den Menschen,** die in den expandierenden und durch die Industrialisierung zunehmend verschmutzten Städten lebten. Und beides galt als Heilmittel und wurde ab 1850 zu Therapiezwecken eingesetzt. Richtungsweisend war dabei der Schweizer Arnold Rikli: In seinem Sanatorium lebten die Menschen in einfachen, offenen Hütten, wo sie ihre unbekleideten Leiber Licht und Luft aussetzten. Dass der Körper über die Hautatmung Krankheitsstoffe ausschied, ist zu bezweifeln, aber für einen Zivilisationsgeschädigten war diese primitive Lebensform wohl adäquat, um ihn

Geglückte Symbiose: das alte Sanatorium mit den modernen, preisgekrönten Lufttürmen

ohne Umwege zurück zur Natur zu schicken. Auch Burgi von Mengershausens Urgroßvater gehörte der Naturbewegung an. 1904 eröffneten der Arzt und seine Frau in einem Anwesen aus dem 16. Jahrhundert eine »physikalisch-diätetische Heilanstalt«, in der sie boten, was auch heute wieder angesagt ist: Naturheilkunde, Bewegung, Fasten- und Kneippkuren. In Hanglage und im Almstil erbaute Mengershausen auch Lufthütten, die allerdings weder primitiv noch offen sind.

Almhütten hätten einige im Gemeinderat favorisiert, als es um den Umbau des Sanatoriums zum Hotel ging. Eine Mammutaufgabe, die Burgi von Mengershausen und ihr Partner meisterten: Das Erbe des Urgroßvaters musste erhalten und in Einklang mit modernen An- und Zubauten gebracht werden. Die Almhüttenidee war dabei schnell vom Tisch: Sie hätten mehr Platz gebraucht und mehr Landschaft verbaut. Stattdessen griff der Architekt Florian Nagler die Idee der Lufthütten auf und platzierte 2012 vier dreistöckige Holztürme auf dem Hang. Grandiose, mit dem Architekturpreis ausgezeichnete Bauten, die hoch über dem Ort Akzente setzen und beweisen, dass diese Landschaft auch anderes verträgt als Almhütten.

**Tannerhof – Naturhotel & Gesundheitsresort** · Tannerhofstr. 32 · 83735 Bayrischzell
Tel. 08023/810 · www.natur-hotel-tannerhof.de

# 56 Kiefersfelden: Technik und Natur im Einklang

**Wie war das vor 100 Jahren einfach:** Keine Naturschützer, keine Juchtenkäfer, Fledermäuse oder wandernden Kröten, die sich dem technischen Fortschritt in den Weg stellten. Man brauchte Strom, und es wurde gebaut: Stausee, Wassermühle, Kraftwerk. Rein mit dem Eisenrohr in die wildromantische Schlucht des Gießenbachs, Stahlbeton bis tief in den Grund der Klamm. Fertig war die Sache. Wir profitieren davon und können dem Bachlauf, dem gut gesicherten Weg hoch oben am Fels folgen, das Rauschen der Wasserfälle genießen. Ohne schlechtes Gewissen: Nicht wir haben diesen Eingriff in die Natur vorgenommen, das waren unsere Ur-, Ur-, Ur-, Urgroßväter.

**Gießenbachklamm** · Kiefersfelden · Wanderung ca. 45 Min. · Start: Thierseestraße
ideal für Kinder, Einkehrmöglichkeit mit Spielplatz: Schopper Alm

# 57 Bad Aibling: Historismus und Jugendstil

**1895 wurde Aibling als Heilbad anerkannt.** Kurärzte zogen zu, die Kurgäste mussten repräsentativ untergebracht werden. Ein Aufenthalt im Heilbad konnte Monate dauern, da wollte man auf den gewohnten Luxus nicht verzichten. Mit dem Bürgertum kam auch die städtische Architektur »aufs Land«, die geprägt war vom Historismus der Gründerzeit und dem um die Wende des 19. zum 20. Jahrhundert populären Jugendstil. Zwischen den Bauernhäusern wuchsen die Villen empor, und noch heute findet man interessante Bauten der Gründerzeit mit historistischen Elementen und Jugendstildekor. Besonders sehenswert ist das Wohnhaus Willinger Str. 10, wo Landhausstil und Jugendstil eine opulente Verbindung eingehen.

**Bad Aibling** · Ensemble Meggendorfer Straße: Nr. 2 (»Haus Merkur«) bis Nr. 11 · Dr.-Beck-Str. 4
Lindenstr. 18–26 · Willinger Str. 2, 8, 10

Nach der Wanderung durchs romantische Tal kann man in der »Schopper Alm« einkehren (oben).
Das Haus an der Willinger Str. 10 mit dem Mansardwalmdach entstand um 1905 (unten).

Die Getreidemühle war ein Werk der Ingenieurskunst, daher der Name »Kunstmühle« (oben). Dinzler Kaffeerösterei – alte Industriehallen mit neuem Leben erfüllt (unten)

# Rosenheim: Vom Korn zur Bohne

58

*Karl Baedeker, der in den 1840er-Jahren unterwegs war, bezeichnete Rosenheim als »hübsches Städtchen mit Salzsiedereien am Einfluss der Mangfall in den Inn. Die Soole wird von Reichenhall hierher geleitet.« Baedeker reiste mit dem »Eilwagen« von München an, die Fahrt dauerte fast zwölf Stunden.*

**1865 beschrieb sein Kollege Ludwig Gassner** die Stadt: Die »Kunstmühle befindet sich in der nächsten Nähe des Wasserhofs und bietet namentlich auf der Bahnlinie von Kolbermoor her … wegen ihres hübschen Baus den Reisenden einen herrlichen Anblick.« Diese zwei Impressionen verdeutlichen den technischen Fortschritt im industriellen Zeitalter: Innerhalb von rund 20 Jahren hatte die Eisenbahn den Eilwagen ersetzt, die 1855 errichtete Kunstmühle schien Gassner so wichtig, dass er den Blick der Reisenden darauf lenkte. Auch wenn sich heute im Obergeschoss die Ausstellungsräume des Kunstvereins Rosenheim befinden, der Begriff »Kunstmühle« hat nichts mit den schönen Künsten zu tun, er rühmt vielmehr die Ingenieurskunst. Die Rosenheimer Getreidemühle, nach amerikanischem Vorbild errichtet, war nicht mehr auf Wasserkraft angewiesen, der Mühlstein hatte ausgedient und wurde durch stählerne, mit elektrischen Motoren angetriebene Walzen ersetzt. So ein technisches Wunderwerk und dann noch ein »hübscher Bau« – das verdiente schon eine Erwähnung im Reiseführer. 1972 wurde der Betrieb eingestellt, und der hübsche Bau vergammelte, es gab sogar Überlegungen, ihn abzureißen. Schließlich fand sich ein Investor, der die Anlage in Zusammenarbeit mit dem Denkmalschutz sanierte und Raum für Wohnungen und Büros schuf. Dass die Kunstmühle heute wieder im Reiseführer auftaucht, ist auch der Kafferösterei Dinzler zu verdanken, die ins Erdgeschoss einzog. Wo früher Mehl gemahlen wurde, duftet es nach Kaffee, und Lebenskünstler wissen, wie sie den Tag beginnen: Mit einem köstlichen Frühstück im Café in der Kunstmühle.

▶ **Der Landesgartenschau 2010 verdankt Rosenheim den Mangfallpark. Man spaziert am Fluss mit Bergblick, für die Kleinen gibt es eine Kinderkajakstrecke.**

**Kunstmühle** · Dinzler Kaffeerösterei · Mo–Mi, Fr, Sa 8–18, Do 8–22, So 9–18 Uhr · Kunstmühlstr. 12
83026 Rosenheim · Tel. 08031/408 25 31 · www.dinzler.de

# 59 Wasserburg: Sommerfrische fürs Bier

*In den bayerischen Städten, in denen Bier gebraut wurde, findet man in der Regel eine Kellerstraße und damit einen Hinweis, dass hier Bierkeller lagen. Meist verschwanden sie mit der Bebauung der Vorstädte, in Wasserburg aber blieb eine in ihrer Dimension einzigartige Kellerkolonie erhalten.*

**»Wasserburger Bierkatakomben« – das klingt schön gruselig,** weckt aber falsche Assoziationen – hier wurden keine Toten bestattet, nicht mal Bierleichen. Die Keller dienten der Lagerung von Bier, genauer des Biers, das den Sommer überdauern und in dieser Zeit seine Qualität halten sollte. Von Ende April bis Ende September durfte nämlich nicht gebraut werden, das hatte Herzog Albrecht V. 1553 verfügt, um die Brandgefahr in den Städten zu reduzieren. Diese Durststrecke von fünf Monaten vor Augen, entwickelten die Brauer im Winter ungeheuere Aktivitäten und ein Bier, das durch stärkere Hopfung haltbarer war. Freilich musste auch dieses Produkt gekühlt werden. Sonst kippte es und war nur noch »anzupreisen wie sauer Bier«.

Als einziges Kühlmittel stand damals Eis zur Verfügung. Es wurde im Winter in Stangen »geerntet« und dann zerstampft in die Keller gefüllt. Die mussten so gebaut werden, dass das Eis auch während heißer Sommer nicht schmolz. Das war nicht immer einfach. In München zum Beispiel verbot der hohe Grundwasserspiegel den Tiefgang, so pflanzte man schattenspendende Kastanien. Die Wasserburger fanden ideale geologische Bedingungen vor: Sie konnten sich am Südufer des Inns tief in den Berg wühlen, 1785 begannen sie mit dem Bau der Kelleranlage, im 19. Jahrhundert wurde sie durch die Errichtung von Lüftungskaminen perfektioniert. Zwei dieser Kamine und die vorderen 40 Meter der Anlage mussten 1999 einer Parkhauserweiterung weichen, aber sieben der zehn Sommerkeller, die einst an der Kellerstraße lagen, sind im Rahmen einer Führung zu besichtigen. Nicht nur der Weg durch die labyrinthartigen Gänge ist spannend, man erfährt alles Wissenswerte zum Thema Bier. Warm anziehen, dies war ein Eiskeller.

**Bierkatakomben Wasserburg** · Sa 10 Uhr, die Führungen beginnen im einstigen »Bruckbräu«, Keller-/Ecke Salzburger Str. · Zusatztermine: www.wasserburg.de

In diesen Gewölben überstand das Bier die heißen Sommer (oben).
Bei der Führung erfährt man alles Wissenswerte über Bier (unten).

# 60 Schloss Amerang: Offen für alle

*Wenn Max Mustermann auf der Website von Schloss Amerang liest »Bringen Sie doch einfach Ihre Pferde mit«, kommt Freude auf. Flugs ruft er die Gattin und spricht: »Schatz, wir können die Pferde mitnehmen. Das machen wir, die Tiere stehen schon so lange in der Tiefgarage, die brauchen auch mal Urlaub.«*

**»Country-Urlaub«. Ein 800 Hektar großes Jagdrevier,** zwei Seen, in denen man angeln kann, Wälder zum Ausreiten. Die Pferde werden selbstredend artgerecht untergebracht, zum Anwesen gehört auch ein Gestüt. Der Klientel, die sich das leisten kann, bieten Ortholf von Crailsheim und Giulia von Crailsheim-Larisch auch Zimmer in dem Haus, das sie selbst bewohnen – erlesen, familiär. Damit keine Missverständnisse aufkommen: Amerang ist kein Schlosshotel mit Concierge, 24-Stunden-Service, Sauna etc. Die Vermietung einiger Zimmer, die Pferdezucht, die Ausrichtung von Hochzeitsfeiern oder Firmenveranstaltungen sind nur ein Teil der Aktivitäten, die die Besitzer unternehmen, um Einnahmen zu gerieren. Geld, das ein jahrhundertealtes Schloss mit 40 Zimmern verschlingt, das ständig an allen Ecken und Enden nach Renovierungen verlangt. Wobei der Ausdruck Ecken in diesem Fall unpassend ist – in dem gesamten Bau gibt es keinen einzigen rechten Winkel. Der Arkadenhof führt daher auch den Superlativ: der »größte unregelmäßige« nördlich der Alpen. Wobei es auf die Größe nicht ankommt, das Prädikat verdienen Ebenmaß und Gliederung der Laubengänge mit den eleganten Gewölben und Säulen, die diesem Werk aus der Zeit um 1570 sein einzigartiges Flair geben.

Wie grandios die Akustik ist, kann auch Max Mustermann erleben. Seit 50 Jahren finden im Schloss exzellente Sommerkonzerte statt, in den letzten Jahren hat man noch weitere Events eingeführt: Reiter- und Ritterfest, Schlossweihnacht … Und nicht zuletzt kann jeder Schlossführungen mitmachen und die Geschichte des Edelsitzes kennenlernen, der bereits 1072 urkundlich erwähnt wurde. Offen für alle – eine gute Geschäftspolitik. Mustermänner gibt es viele, und nicht nur Pferd, auch Kleinvieh macht Mist.

**Schloss Amerang** · Museum: Ostern–Mitte Okt. Fr–So Führungen um 11, 12, 14, 15, 16 Uhr
Schloss 1 · 83123 Amerang · Tel. 08075/91 92-0 · www.schlossamerang.de

# Gut Immling: Von jungen Künstlern und alten Pferden

61

*Ein Opernhaus in einem ehemaligen Reitstall. Originelle Inszenierungen, internationale Stars, talentierte Nachwuchskräfte. Und jede Menge »Pferde«, die über interessante stimmliche Qualitäten verfügen: Sie meckern, grunzen, blöken und schnattern. So sieht er aus, der »Grüne Hügel« im Chiemgau.*

**Hier sind zwei Geschichten zu erzählen.** Eine beginnt tragisch: 1994 stürzte der Bassbariton Ludwig Baumann in den Bühnengraben der Dresdner Semperoper und zog sich eine Rückenverletzung zu, die seiner internationalen Karriere ein Ende setzte. Die andere Geschichte hat einen romantischen Anfang: Ein kleiner Junge wächst in den 1950er-Jahren auf einem Bauernhof bei Rosenheim auf. Mit Pferden und anderen Tieren, die sein Herz erobern.

Musik und Tiere. Der Ort, an dem die Stränge der Erzählungen zusammenfinden, liegt zwischen Bad Endorf und Halfing: Gut Immling, ein Reiterhof mit 30 Hektar Grund. Dort ließ sich der Sänger nach seinem Unfall nieder. Mitsamt den Tieren vom elterlichen Hof. Bald kamen weitere Vierbeiner dazu, die keiner mehr haben wollte: Das Gut wurde zum Pferdeschutzhof. Mit der Definition »Pferd« geht Baumann allerdings recht großzügig um: Wenn ein Tier in Not ist, darf es auch einen Höcker, einen Hängebauch, Watschelfüße oder andere Attribute haben, die nicht dem Phänotypus Pferd entsprechen.

Bei der Musik legt Baumann strengere Kriterien an: Da sucht er nach den besten Sängern, fördert junge Talente, die oft vom Chiemsee den Sprung auf die Weltbühnen schaffen. Beim alljährlichen Opernfestival spielen renommierte Orchester, und jede Inszenierung ist eine Eigenproduktion, bei der meist junge Regisseurinnen und Regisseure ihre unkonventionellen Ideen verwirklichen können. Dies erklärt die Erfolge, die das Opernfestival seit 1996 kontinuierlich feiert. Und natürlich ist da auch noch das Ambiente. Der Panoramablick auf die Alpen, die legere Atmosphäre, die Biertische, die zum Zusammensitzen bis weit in die Nacht hinein einladen. Und die optischen, akustischen und olfaktorischen Beiträge der vielen Pferde und »Pferde«.

**Gut Immling** · zu Veranstaltungen nur mit dem Shuttlebus ab Bad Endorf erreichbar · 83128 Halfing
Tel. 08055/90 34-0 · www.pferdeschutzhof-gutimmling.de

Beim 18. Opernfestival in Gut Immling übernahm Efe Kislali die Rolle des Otello.

# 62 Ratzinger Höhe: Großfamilientauglich

*»Was geht am Morgen auf vier Füßen, am Mittag auf zweien und am Abend auf dreien?«, fragte die Sphinx den Ödipus, und der wusste die Antwort: der Mensch. Wer einen Ausflug für Zwei-, Drei- und Vierfüßer organisieren will, der auch noch Ausblicke von luftiger Höh' bietet, hat oft ein Problem.*

**Die einen können noch nicht,** die anderen nicht mehr auf den Berg wandern, Seilbahnfahrten für eine vielköpfige Familie sind teuer. Die Kinder wollen spielen, die Großeltern die Aussicht genießen, und die Zweifüßer würden gern einen Spaziergang machen. Noch was? Ja, was zum Trinken und ein ordentliches Essen. Zuviel verlangt? Nein, rein ins Auto und Richtung Meer. Bayerisches Meer natürlich. So heißt der Chiemsee, der mit 80 Quadratkilometern Wasserfläche drittgrößte See Deutschlands. Er liegt wunderschön, eingebettet in eine weite Ebene, nach Süden begrenzt von den Chiemgauer Bergen mit Kampenwand, Hochgern, Hochfelln. »Die Bergformen scheinen sanftbewegt ineinander überzufließen, ihre Gipfel haben nichts Starres, sie sind so abwechslungsreich, dass man ihrer nicht müde wird«, schreibt der Essayist Josef Hofmiller in »Versuche« (1921).

Die Berge und der See mit Frauenchiemsee, Herrenchiemsee, der Krautinsel und der Schafwaschener Bucht – im »Berggasthof Weingarten« sitzt man auf dem Logenplatz. Die Kinder, von »sanftbewegten Bergformen« wenig beeindruckt, haben die Spielplätze besetzt, es gibt gleich zwei: einer gehört zum Haus, der andere, mit Kutsche, Schaukel und Kastell, liegt ganz in der Nähe des Gasthofs. Spazieren kann man natürlich auch: Der Erlebnisweg Ratzinger Höhe (von Rimsting bis Hitzing) führt am »Weingarten« vorbei und bietet auch für Kinder, so sie sich schon sicher auf zwei Beinen bewegen, Interessantes. Zum Beispiel einen Aussichtsturm mit Fernrohren oder ein hölzernes Mammut. Die 14 Stationen sind mit Info-Tafeln ausgestattet, und eine gibt Aufschluss darüber, wo der Name Weingarten herkommt: Vom Mittelalter bis ins 18. Jahrhundert wurde hier Wein angebaut.

**»Berggasthof Hotel Weingarten«** · Restaurant 11.30–23 Uhr, Herbst/Winter Fr geschlossen
Weingarten 1–4 · 83253 Rimsting · Tel. 0805/17 75 · www.ratzingerhoehe.info

# Urschalling: Die heilige Geistin

63

*Der liebe Gott sieht alles. Er sieht auch, wenn eine Frau sich in seinem Haus langweilt und der Predigt des Pfarrers keine Aufmerksamkeit schenkt. Dicht an der Wand sitzt sie und kratzt am Putz herum. Gott sieht das, und dann schickt er ihr ein Zeichen: Der Putz bröckelt, es erscheint ein Gesicht.*

**Wie nahezu alle bayerischen Gotteshäuser** wurde auch die um 1150 erbaute Sankt-Jakobus-Kirche in der Zeit der Gegenreformation barockisiert. Die mittelalterlichen Fresken im Inneren bedeckte man um 1550 mit Putz – aus den Augen, aus dem Sinn. 1923 wurde offenkundig, welchen Schatz die kleine Kirche birgt. Bei der schrittweisen Renovierung zeigte sich, dass der Raum flächendeckend mit Fresken aus dem frühen 15. Jahrhundert bemalt war, die in erstaunlicher Qualität erhalten blieben. Wie in einem Bilderbuch kann man hier lesen und erahnen, welche Ängste die mittelalterlichen Menschen plagten und wie sie sich den Weg zur Erlösung vorstellten. Besonders eindrucksvoll: die Befreiung aus der Vorhölle. Nackt stehen die armen Sünder im Rachen eines wolfartigen Drachens, dessen Maul von einer Zahnreihe gesäumt wird. Nur geleitet und von Gott an die Hand genommen kann der Mensch die spitzen Beißerchen überschreiten.

Ob die Anekdote von der gelangweilten Kirchenbesucherin stimmt oder nicht, es passt ins Bild, dass die Entdeckung der Fresken einer Frau zugeschrieben wird. Obwohl die Kirche dem heiligen Jakob geweiht ist, erhält sie in Wort und Bild diverse Hinweise auf Maria, die Anfang des 15. Jahrhunderts oft als Braut des Heiligen Geistes bezeichnet wurde. Und dann gibt es noch ein ganz besonderes Fresko: In der Darstellung der Heiligen Dreieinigkeit – Gott Vater, Sohn, Heiliger Geist – ist in der Mitte zwischen den zwei Männern eine sehr feminine Figur zu sehen. Ist es die göttliche Liebe, personifiziert als Frau? Ist es ein sehr junger Mann in der Darstellung der drei Lebensalter? Oder gar Maria? Wie immer das Fresko zu deuten ist, für Frauen ist es doch eine beruhigende Botschaft: Der Heilige Geist könnte auch eine Geistin sein.

**St. Jakobus** · 9–19 Uhr · Fresken durch Absperrgitter zu sehen, sonst nur mit Führung (Tel. 08051/51 30, 08051/965 06 89) · 83209 Prien-Urschalling · www.tourismus.prien.de

In der Kirche von Urschalling blieben Fresken aus dem frühen 15. Jahrhundert erhalten.

Luca Distler und sein Freund Florian Pichler schaffen Messer für Meisterköche (oben).
Jedes Messer ist ein Unikat und wird nach den Bedürfnissen des Kunden geschmiedet (unten).

# Aschau: Werkzeug und Kunstobjekt

64

*Das Messer ist eines der ältesten Werkzeuge des Menschen. Es wurde bereits in der Steinzeit benutzt und ist in seiner Erscheinungsform seitdem gleich geblieben: Klinge und ein Griff zum Halten. Das Material, aus dem beides hergestellt wird, hat sich im Lauf der Jahrtausende allerdings verändert.*

**Knochen, Geweih, Stein, Kupfer, Stahl –** zu Messern wurde alles verarbeitet, was hart genug war, um Stechen, Aufspießen oder Schneiden zu ermöglichen. Der moderne Mensch stellt sogar Plastikmesser her – womit der Tiefpunkt in der Kulturgeschichte dieses Werkzeugs erreicht ist, dessen Funktionalität bis dato auch immer mit Ästhetik verbunden war. Um diese Kombination geht es auch den zwei jungen Männern, die das »Messer Werk« betreiben. Ihn fasziniere »die Verbindung von Werkzeug und Kunstobjekt«, sagt Luca Distler, gelernter Kunstschmied. Mit Messern beschäftigte er sich am Anfang nur nebenbei in der Freizeit. Doch mit einer Begeisterung, die bald seinen Freund Florian Pichler ansteckte. Der brachte als Zahntechniker das Gespür für die Feinarbeit und die nötigen Kenntnisse der Schleiftechnik mit. Die Produkte der beiden fanden Liebhaber, 2004 gründeten die Freunde ihre eigene Firma, 2009 wagten sie den Sprung in die Selbständigkeit und mieteten die alte Hufschmiede in Hohenaschau. Heute kommen Köche, Jäger, Fischer und Sammler aus nah und fern ins »Messer Werk«, lassen sich beraten – der Verwendungszweck bestimmt Form, Härte und Elastizität der Klingen –, wählen das Material für die Griffe. Und strahlen, wenn sie ihre Messer abholen – jedes ein Kunstwerk aus Damaszenerstahl. Der besteht aus verschieden Stählen, die erhitzt, durch Schmieden verschweißt, immer wieder gefaltet und erneut geschmiedet werden, bis eine Klinge entsteht, die aus mehreren Hundert Schichten bestehen kann. Diese Schichten geben der Schneide die changierende Maserung, individuell wie ein Fingerabdruck.

▶ **Das Strandbad im Chiemseepark Felden ist kostenlos zugänglich, es gibt Kinderspielplätze, Beachvolleyballfelder und die Möglichkeit, Boote zu mieten.**

**Messer Werk** · keine Schauwerkstatt, aber Beratung ist jederzeit möglich · Kampenwandstr. 96a
83229 Aschau · Tel. 0162/355 56 42 · www.messer-werk.de

# 65 Schloss Hohenaschau: Höhenflug

*Warum haut er nicht einfach ab? Fliegt Richtung Kampenwand, richtet sich's in den Alpen nett ein. Er muss nicht zurückkommen. Er ist doch frei, frei wie ein Vogel. Doch er kehrt zurück, landet auf dem Handschuh des Falkners, holt sich seinen Leckerbissen. Er ist nicht frei. Er ist dressiert.*

**Vielleicht ist er aber auch nur klug.** Hat keine Lust, Reste überfahrener Tiere von der Autobahn zu picken. Freut sich über die Zuwendung seines Herrn, die Kinderaugen, die ihn anstrahlen, die »Ahs« und »Ohs«, mit denen die Besucher seine Künste kommentieren. Der Herr über Falke, Milan, Bussard und Adler ist Hannes Lenhart. Wie macht er das? Warum kommen die Tiere freiwillig zu ihm zurück? »Wir haben Beuteattrappen, manchmal ist es ein Federspiel, manchmal ist es auch nur der Handschuh des Falkners. Und da ist Beute versteckt. Und diese Beute, die jagt der Greifvogel an.«

Das Jagen mit Greifen gehört zu den ältesten Jagdformen der Menschheit und wurde vermutlich vor 3500 Jahren von den mittelasiatischen Steppenvölkern entwickelt. In Europa führte Kaiser Friedrich II. im 13. Jahrhundert die Beizjagd ein, der Falke avancierte zum Herrschaftssymbol, das Privileg, mit ihm zu jagen, stand ausschließlich dem Hochadel zu. Der investierte ein Vermögen in sein Vergnügen und die Zurschaustellung von Macht. Die Tiere, in freier Wildbahn gefangen, ihre Ausstattung mit Hauben, Geschirren etc. – das verschlang Unsummen. Vom Wittelsbacher Kurfürsten Clemens August (1700–1761), Erzbischof von Köln, wird berichtet, dass er seinen Falknern mehr als dreimal so viel zahlte wie seinen Ministern. Als Clemens August in Hohenaschau zur Reiherjagd geladen war, ging es noch blutig zu. Heute ist es ein rein ästhetisches Vergnügen, die Tiere zu beobachten: den Adler, der sich bei guter Thermik bis auf 2000 Meter hochschrauben kann, den Falken, der pfeilschnell vom Himmel stürzt und auf der Hand seines Herrn landet – ist das wirklich nur Dressur? Warum sollten Vögel nicht auch eine Bindung zu dem Menschen entwickeln, der sie von klein auf umsorgt?

**Falknerei** · April–Juni, Okt. Mi–So 15, Mitte Juli–Mitte Sept. Di–So 11, 15 Uhr · Fußweg ab Festhalle Schlossbergstr. · 83229 Aschau · Tel. 08052/95 16 91 · www.falknerei-burghohenaschau.de

Hannes Lenhart – zu ihm kehren die Vögel freiwillig zurück.

# 66 Hochfelln: In memoriam Loriot

*»Holleri di dudl jö, Diri, di, di dudl dö, Hollera di dadl do, Holleri du dödl di« – nicht »Hollerö dö dudl dö, das ist zweites Futur bei Sonnenaufgang.« So viel Text und Grammatik wie in Loriots Jodelschule muss man bei Josef Ecker nicht lernen, da genügt ein »Huljodürü« für den ersten Jodler.*

**Bevor der in die Berge geschleudert wird,** ist Vorarbeit nötig. Lockern von Körper und Stimme und – ganz wichtig – Aufbau von Selbstbewusstsein. An einem schönen Wochenende sind viele Wanderer auf dem Hochfelln unterwegs, und die bleiben stehen und blicken mit Verwunderung auf den grauhaarigen Mann und die Truppe, die er um sich geschart hat. Die Frauen und Männer klopfen sich gegenseitig die Körper ab, rudern mit den Armen, spucken Konsonanten aus: »fff, ttt, ppp, rrr«. Und der ältere Herr schneidet Grimassen, streckt die Zunge raus, reißt den Mund weit auf. Wem es schon peinlich ist, derart Aufsehen zu erregen, der wird sich nie trauen, einen Jodler auszustoßen. Josef Ecker kennt die anfängliche Scheu seiner Schüler, wie eine Bergtanne müsse man stehen, sagt er. »Stolz und aufrecht.« Dann bildet er drei Gruppen, lässt zwei imaginäre Schnaken herumschwirren, eine dünne Mücke, die ein hohes »düüüüü« von sich gibt, und eine dickere, die ein tiefes »rüüüüü« erzeugt, und dann fliegt noch ein Brummer mit Bassstimme vorbei und der macht »huljo«.

Das erste Huljodürü klingt noch etwas schräg, aber das Eis ist gebrochen. Josef Ecker versteht es, aus schüchternen Pennälern selbstbewusste Jodlerinnen und Jodler zu machen. Seit 1998 führt der Musiklehrer seine Seminare durch, er arbeitet mit Rollenspielen, erweitert das Repertoire langsam. Zum Abschluss tritt die Truppe vor Publikum auf, das diese Rolle nicht gewählt hat. Aber die Gäste, die vor der Bründling Alm sitzen, applaudieren freundlich, und dann kommt der Höhepunkt: das Jodeldiplom. Und das ist ja, wie wir dank Loriot wissen, für Frauen besonders wichtig: »Da hab ich was Eigenes … und ich habe als Frau das Gefühl, dass ich auf eigenen Füßen stehe.«

**Jodelseminar Josef Ecker** · Kapellenweg 11 · 83346 Bergen · Tel. 08662/41 95 29
www.jodelseminar.de

# Siegsdorf: Mammut im Doppelpack

67

*»Alle Hinweisschilder zum Naturkundemuseum mit Mammut ignorieren! Zu Bernard's Original Mammutheum geht es in den Ortsteil Alzing.« Dieser Aufruf findet sich auf der Website des Mammutheums, und er verrät Konkurrenzdruck. Tatsächlich gibt es in Siegsdorf nämlich dasselbe Mammut gleich zweimal.*

**Einmal im Original im Naturkundemuseum,** da heißt es Rudi. Und einmal als Abguss im Mammutheum von Bernard von Bredow. Dort trägt der Bulle den Namen Oscar. Jede andere Gemeinde wäre froh, wenn sie ein Urtier als Touristenattraktion besäße, Siegsdorf hat gleich zwei. Und zwei Museen, wobei dem Mammutheum die älteren Rechte zukommen. Schließlich war es Bredow, der das größte europäische Mammut 1975 entdeckte. Der 16-Jährige suchte mit einem Freund einen Goldschatz und fand einen Knochen. Ihm war klar, dass da mehr sein musste, die beiden buddelten weiter und legten Teile von Oscar frei, der hier vor über 40 000 Jahren zu Tode gekommen war. Um das vier Meter lange Tier gänzlich zu bergen, fehlten den Buben die technischen Mittel. Die Öffentlichkeit erfuhr erst zehn Jahre später von der sensationellen Entdeckung, der Rest des Skeletts wurde mit Unterstützung der Gemeinde ausgegraben. Wer zahlt, bestimmt, und so landete das Original im Naturkundemuseum.

Nichts gegen dieses Museum. Es ist modern, informativ, es erfüllt die Standards. Aber an die Originalität des Mammutheums reicht es nicht heran. Was Bredow, der nach seinem Fund international als Mammut-Experte bekannt wurde, hier zusammengetragen hat und wie er es präsentiert, ist einzigartig. Da gibt es Werkzeuge – anfassen ist erlaubt –, man kann lernen, Feuersteinklingen zu bearbeiten oder mit dem Bogen zu schießen. Überall stehen Urtiere im Grün, diverse Mammuts und Nashörner bevölkern den Steinzeitpark, und Arcus, der Höhlenlöwe, zeigt seine Zähne. Auf den ist sein Besitzer besonders stolz, es ist eines von weltweit nur sieben Exemplaren. Und Arcus gehört ihm ganz, als Original wie als Modell.

**Mammutheum** · Di–So 10–17 Uhr (Beginn der bayer. Osterferien–Ende Herbstferien)
Dr.-Liegl-Str. 35 · 83313 Scharam/Alzing · Tel. 08662/121 20 · www.mammutheum.de

Mammuts und andere Urtiere bevölkern den Steinzeitpark des Mammutheums.

In dem von der Sonne beschienenen Steinbruch kann man fast ganzjährig klettern.

# Haßlberg: Kalkstein spielt Marmor

68

*Das Bayerische Staatsministerium für Umwelt zählt den Steinbruch am Haßlberg zu den »schönsten Geotopen« des Landes und bezeichnet ihn als »wertvoll«. Und das nimmt man ihm gerne ab. Schließlich wurde hier Marmor abgebaut, sogar roter, und der ist wertvoll – Kirchen, Paläste, ohne Marmor kein Luxus.*

**Studiert man die Schautafel,** die das Ministerium zum Thema »Ruhpoldinger Marmor« angebracht hat, wird auch dem Laien klar, dass im Wust der geologischen Fachbegriffe ein Wort eindeutig zu oft fällt: Kalke. »Knollenflaserkalke«, »Rötliche Kalksteine mit knolliger, brekziöser oder spätiger Struktur« – das klingt nicht vornehm und nicht nach Luxus und beweist: Das Gestein vom Haßlberg ist kein Marmor, es wurde nur im Volksmund so genannt. Wusste das die Äbtissin von Frauenchiemsee, als sie 1467 Gestein aus Ruhpolding bestellte? Realisierte der Steinmetzmeister Steffan, der 1526 den Ritter Lindl für den Traunsteiner Stadtplatz schuf, dass er nicht dasselbe Material bearbeitete wie sein Kollege Michelangelo? Wohl kaum, was zählte, war das Ergebnis. Der Ruhpoldinger spielte perfekt Marmor, ließ sich genauso schleifen und polieren und wurde wie dieser verarbeitet zu Altären, Taufbecken, Brunnen, Portalen, Grabplatten, Bildstöcken etc. Auch im ersten Rasthaus, das 1937/38 direkt am Chiemsee erbaut wurde – Vorzeigestück nationalsozialistischer Autobahnpolitik – stützen drei mattrote Säulen aus Haßlberg die Decke des nach »Bauernart« gestalteten Gastraums.

**▶ Im Klettergarten im Steinbruch (untere bis mittlere Schwierigkeitsgrade) kann fast ganzjährig geklettert werden, der plattige Fels trocknet sehr schnell.**

1970 wurde der Steinbruch stillgelegt. Seit 2009 gehört er zu Bayerns »schönsten Geotopen«, die als »natürliche Archive und Labore« Geologie erlebbar machen sollen. Auch wenn vom roten »Marmor« nicht mehr viel zu sehen ist, hier zu spazieren ist ein Erlebnis, vor allem wenn man sich vorstellt, dass man auf Meeresboden wandelt – vor 250 Millionen Jahren lag hier ein tropisches Flachmeer. In Bayern! Aber das gab es ja damals noch nicht.

**Steinbruch am Haßlberg bei Ruhpolding** · Wanderweg · Klettergarten auch für Anfänger geeignet

# 69 Ruhpolding: »Hackl nehma und in Holzschlag geh'n«

*»Ohne Holz kein Sud.« Dieses eherne Gesetz galt jahrhundertelang in den bayerischen Alpen. Wer Salz sieden wollte, brauchte Brennmaterial zum Beheizen der Sudpfannen. Fässer, Werkzeuge, Gebäude, Transportmittel, Soleleitungen – das Geschäft mit dem Salz war ohne den Rohstoff Holz nicht möglich.*

**Die Solequellen, mit denen die Wittelsbacher** gutes Geld verdienten, traten in Reichenhall zutage, und dort standen auch die Salinen, in denen das Salz gewonnen wurde. Gegen Ende des 16. Jahrhunderts aber wurde das Holz im Umkreis von Reichenhall knapp, und Herzog Maximilian I. beschloss, nicht das Holz zur Sole, sondern die Sole zum Holz zu bringen. 1616 veranlasste er den Bau einer Rohrleitung über das Gebirge von Reichenhall nach Traunstein – damals eine technische Meisterleistung.

Traunstein war Ort der Wahl, weil es im Umkreis nicht nur ausgedehnte Gebirgswälder, sondern auch Wasserläufe gab, auf denen die Stämme transportiert werden konnten. Die Saline Traunstein wurde gebaut: vier Sudhäuser, Härthäuser, Arbeiterwohnungen, Schule, Kirche. Nun brauchte man nur noch Leute, die die Stämme schlugen, in die geforderte Länge schnitten und dafür sorgten, dass die Fracht von den Bergen hinunter in die Bäche und Triftflüsse kam. Die schwere und gefährliche Arbeit übernahmen die Holzknechte, die einem privaten Unternehmer, dem Holzmaier, unterstanden. Ihr Werkzeug mussten sie selbst stellen, die Arbeitszeit betrug bis zu 16 Stunden, oft verbrachten sie Tage in den Wäldern, ausgestattet mit einer Zudecke und den Utensilien, die sie zur Bereitung ihrer Mahlzeiten benötigten: »Muas« aus Wasser, Mehl, Salz und Butterschmalz.

Stimmt es, dass die jungen Männer den Beruf liebten, weil er ihnen Freiheit gab? Waren die »Holzhackersbuam lustig«, wie es im Lied heißt? Auch wenn das Museum in Ruhpolding diese Fragen nicht expressis verbis beantwortet, es ist hochinteressant, weil es neben den technischen Aspekten der Waldarbeit auch die sozialen Umstände der Holzknechte behandelt.

**Holzknechtmuseum** · Mai–Okt. Di–So 10–17, in den Schulferien tägl. 13–17 Uhr · Laubau 12
83324 Ruhpolding · Tel. 08663/639 · www.holzknechtmuseum.de

Im Holzknechtmuseum erfährt man alles über Arbeit und Alltag der Waldarbeiter (oben).
Mühsam transportierten die Knechte das Holz, das die Salzsieder brauchten, ins Tal (unten).

# 70 Ramsau, Hintersee: Von Staffelei zu Staffelei

*Der gewitzte Puzzle-Freund weiß, wie man anfangen muss: Teile sortieren. Das Rot auf einen Haufen, das sind die Blumen im Vordergrund. Grau Berge, Blau Himmel, und die hellgrünen Stücke bilden den Fluss – an dem wird man verzweifeln. Die kleine Kirche dagegen ist relativ schnell zusammengelegt.*

**500 oder 3000 Teile, die Ramsauer Kirche** an der wild rauschenden Ache ist seit Jahrzehnten ein beliebtes Puzzle-Motiv. Via Postkarte gelangte das Sujet sogar ins Weiße Haus, Präsident Eisenhower fertigte eine Zeichnung an und verteilte sie 1960 als Weihnachtsgruß. Auch professionelle Maler ließen sich von der Region inspirieren, ihren Spuren folgt man auf dem »Malerweg« von Ramsau zum Hintersee. 22 Staffeleien mit Reproduktionen von Werken, die im 19. Jahrhundert hier entstanden, säumen den Weg. Beim Betrachten der Bilder fällt auf, dass sich die Landschaft kaum verändert hat. Keine Bettenburgen, keine Surfer, die bunte Tupfer auf die smaragdgrüne Wasserfläche setzen. Nichts, was die Ruhe stört: Es dürfen nur Ruder- oder Tretboote vermietet werden, und auch die Fähre »Annerl« gleitet lautlos über den See. Dessen Wasserqualität ist erstklassig, aber wer hier baden möchte, braucht Eisbärengene: 16 Grad.

Der Hintersee entstand vor rund 3500 Jahren. Damals donnerten 15 Millionen Kubikmeter Gestein vom Hochkalter herab, das Geröll staute den Klausbach auf und hinterließ auch sonst noch sichtbare Spuren. Im »Zauberwald« sieht es aus, als hätten Riesen Kegeln gespielt, Felsbrocken liegen übereinandergestapelt, plätschernd sucht sich das Wasser seinen Weg ins Tal. Kein Wunder, dass diese Landschaft die Maler faszinierte: Wilhelm Busch, Carl Spitzweg, Carl Rottmann, Ferdinand Waldmüller, Hubert von Herkomer, der Norweger Thomas Fearnley – um nur einige zu nennen. Kost und Logis fanden die Künstler seit 1879 bei Babette Auzinger, die ihnen Annehmlichkeiten wie eine Kegelbahn und ein Spinett zur Verfügung stellte und deren Nachfahren immer noch verstehen, einen erstklassigen Schweinsbraten zuzubereiten.

**Ramsauer Malerweg** · Wanderung ca. 2 Std. · 6,5 km, 150 Hm · Start: Neuhausenbrücke, Im Tal, 83486 Ramsau

# Berchtesgaden: »Die kleidsame Volkstracht«

71

*»Lederhose und Laptop.« Die von Bundespräsident Roman Herzog 1988 geprägte Metapher erfreut sich noch heute großer Beliebtheit bei bayerischen Politikern, verbindet sie doch Innovation mit dem, was es angeblich seit Jahrhunderten gibt und was ein gestandenes Mannsbild schon immer trug: die Lederhose.*

**Diese Mannsbilder hören es nicht gern,** aber die bayerische Tracht ist eine Erfindung des 19. Jahrhunderts, an der die Wittelsbacher maßgeblich beteiligt waren. Die suchten eine einende Symbolsprache für ihr Reich, das sich 1806 durch neu hinzugewonnene Gebiete beachtlich vergrößert hatte. Von der Erhaltung der Trachten versprach sich Max II. eine »Festigung des Nationalgefühls« und bat 1853 um Zeichnungen von herkömmlichen Trachten. Allein, es gab nichts zu zeichnen, die ländliche Bevölkerung kleidete sich nicht anders als die städtische, was in München Mode war, wurde bald auch auf dem Land getragen. Bei feierlichen Anlässen erschienen die Männer in schwarzen Anzügen, die Arbeitshosen waren aus Leinen.

Lederne Beinkleider waren das Markenzeichen der Jäger, zum bayerischen Symbol wurden sie erst 1883 durch den in Bayrischzell gegründeten »Trachtenerhaltungsverein«, der – ganz im Sinn der Obrigkeit – die Liebe zur Heimat und zum Königreich fördern wollte und seine Mitglieder verpflichtete, immer die »kleidsame Volkstracht«, die kurze Lederhose, zu tragen. Andere folgten dem Beispiel, und für die Lederhosenmacher erschloss sich ein neuer Kundenkreis, den auch die 1888 gegründete Firma Stangassinger bediente.

Franz Stangassinger gehört zu den wenigen in Bayern, die das Säcklerhandwerk noch beherrschen. Die Hirschhaut wird »sämisch gegerbt, mit einem Fischfett«, sagt er. »Und die Farbe ist aus einem Blauholz. Das ist eine natürliche Farbe, die ist aus einer Baumrinde.« Zuschneiden, Nähen, Besticken mit Eichen- und Weinlaubblattmotiven – alles Handarbeit, wie er sie von seinem Vater gelernt hat. Nur das Leder kommt heute aus Neuseeland, aber ein bisschen Innovation darf ja sein im Land von Lederhose und Laptop.

**Lederhosen Stangassinger** · Mo–Fr 8.30–12, 13–18, Sa 8.30–12 Uhr · Marktplatz 10
83471 Berchtesgaden · Tel. 08652/26 85 · www.lederhosenmacher.com

Bayerisches Bilderbuchmotiv: Ramsau. Hier beginnt der Malerweg zum Hintersee.

Der Enzianhersteller Grassl unterhält noch einige Brennhütten in den Bergen.

# Schönau am Königssee: Brand vom Berg

72

*Enzian ist blau. So wird er im Schlager besungen, »Ja, ja, so blau, blau, blau blüht … Wenn beim Alpenglühen wir uns wiedersehen«, und so wird er auf den Flaschen abgebildet, in denen der Schnaps auf den Markt kommt. Leuchtend blau – eine Farbe mit Sympathiewert, da greift man gerne zu.*

**Allerdings handelt es sich hier um Etikettenschwindel.** Die klare Flüssigkeit ist ein Destillat vom Gelben Enzian, doch dessen Blüten sind längst nicht so schön, und es hat sie auch noch keiner besungen. Dafür besitzt *Gentiana lutea* aber sehr viel kräftigere Wurzeln als ihr blaublütiger Verwandter, und darauf kommt es an: Für einen Liter Reinalkohol braucht man zwölf Kilo Wurzeln. Je höher die Pflanze wächst, desto dicker sind die, und so waren die »Wurzlgraber« früher in Höhen von 1000 bis 1500 Metern unterwegs. Bis zu 80 Kilo konnte ein guter Arbeiter pro Tag stechen, die ins Tal zu transportieren, wäre unökonomisch gewesen. Also verarbeitete man das Produkt dort, wo es wuchs, und errichtete Brennhütten, in denen die Graber und die Brenner den Sommer verbrachten. Mehr als reines Quellwasser und Holz braucht man nicht zum Brennen, und das ist in den Bergen reichlich vorhanden.

Heute produziert die Firma Grassl, die im 17. Jahrhundert gegründete älteste Enzianbrennerei Deutschlands, mit modernen Methoden, aber in den Brennhütten wird noch immer Handarbeit geleistet. Die malerischste liegt am Priesberg auf 1352 Meter Höhe. Hier kann man dem Brenner bei der Arbeit zuschauen und erfährt, wie der Enzian entsteht: Die Wurzeln werden gehackt und mit Wasser und Hefe zur Maische angesetzt. Wenn sich nach ein paar Wochen der Alkohol gebildet hat, kann das Brennen beginnen. Und selbstverständlich kann man den Enzian probieren, in einer Holzwanne stehen immer ein paar Flaschen im kühlen Wasser. Nur zur Warnung: Der erste Schluck ist grausig. Das zweite Glas schmeckt dann. Und nach dem dritten will man mehr. So viel mehr, dass schon manch einer »Ja, ja, so blau, blau, blau« ins Tal hinunterwankte.

**Enzian-Brennhütte am Priesberg** · ab Parkplatz Hinterbrand (Scharitzkehlstr., Schönau/Königssee) ca. 1 Std. Wanderung · der Brenner arbeitet Mo–Fr von Juni–Okt.

Je höher der Wurzlgraber hinaufsteigt, umso dickere Wurzeln findet er.

# 73 Obersalzberg: Delikates Erbe

*1918 hatte die Monarchie ausgedient, 1945 endete die Hitler-Diktatur. Beide Male wurde der Besitz der Entmachteten Eigentum des bayerischen Staats. Die Schlösser und Museen der Wittelsbacher waren ein willkommenes Erbe, anders verhielt es sich mit den Hinterlassenschaften der Nationalsozialisten.*

**Die Besatzer hatten zwar einen Teil** des Problems beseitigt, indem sie viele Bauten aus der Hitlerzeit sprengten, aber der Genius Loci lässt sich nicht mit Dynamit vertreiben. Schon gar nicht vom Obersalzberg. Hier befand sich Hitlers zweiter Regierungssitz, hier empfing er Nazigrößen und fällte Entscheidungen, die Millionen das Leben kosteten. Zugleich nutzte er die heile Bergwelt für propagandistische Zwecke, küsste Kinder, streichelte Tiere, zeigte sich in Tracht als volksnaher Politiker im Kreis seiner Lieben.

Wie sollte man mit diesem Ort umgehen? Wie verhindern, dass er zur Pilgerstätte brauner Horden wurde? Bis 1996 musste sich der Freistaat darüber keine Gedanken machen, er war zwar Eigentümer des Geländes, aber die US-Army nutzte den Obersalzberg als Erholungsgebiet, er war nur für Militärangehörige zugänglich. Nach dem Abzug der US-Truppen kamen immer wieder Touristen, die nach Überresten von Hitlers Berghof suchten. Sie fanden nichts, die Amerikaner hatten fast alle Bauten zerstört, aber sie fanden auch keine Information, außer fragwürdigen Broschüren über Hitlers Privatleben, die dazu beitrugen, die braune Obersalzbergpropaganda lebendig zu erhalten. Diese Lücke musste geschlossen werden. Da das Vernichten der historischen Spuren die Anziehungskraft, die die Authentizität dieses Ortes ausübt, nicht mindern konnte, sollten die Menschen hier über Täter und Opfer informiert werden. Wissenschaftlich fundiert, reflektiert, didaktisch gut aufbereitet. Dies ist dem Institut für Zeitgeschichte in hervorragender Weise gelungen. Übrigens: Sollten die Kinder »keinen Bock« auf Geschichte haben, vielleicht interessiert sie, dass ein Teil der Ausstellung in den alten Bunkeranlagen untergebracht ist, die den Berg durchzogen.

**Dokumentation Obersalzberg** · Nov.–März Di–So 10–15, April–Okt. tägl. 9–17 Uhr (Einlass bis 14 bzw. 16 Uhr) · Salzbergstr. 1 · 83471 Berchtesgaden · Tel. 08652/94 79 60 · www.obersalzberg.de

# Marktschellenberg: Im Palast der Schneekönigin

74

*Der Himmel über den Bergen strahlt blitzblau. Kein Wölkchen ist zu sehen. Die Wettervorhersage verspricht Temperaturen um die 24 Grad. Ein Bilderbuchwetter für die etwa zweistündige Wanderung von Marktschellenberg zur Toni-Lenz-Hütte, wo man in der Sonne sitzen und das Bergpanorama genießen kann.*

**Der Rucksack birgt selbstverständlich Sonnencreme** mit hohem Lichtschutzfaktor. Er enthält aber noch etwas, das gar nicht ins Bild passen will: lange Hosen, warme Jacken. Denn von der Toni-Lenz-Hütte (1450 m) geht's weiter auf 1570 Meter Höhe zum Eingang der Schellenberger Eishöhle – ein Schritt hinein, und man tritt aus dem Sommer und in den Winter: In der Höhle herrschen Temperaturen um den Gefrierpunkt. Die Fachleute bezeichnen die Schellenberger Eishöhle als »statisch bewetterte Sackhöhle«. Mit dem Bild vom Sack kann auch der Laie etwas anfangen: Der Eingang liegt oben, die Höhle ist unten luftdicht abgeschlossen, im Winter sinkt die kalte Luft ein. Neues Eis bildet sich im Frühjahr und verleiht der Unterwelt jedes Jahr ein anderes Gesicht: Die Eisbildung hängt von den winterlichen Temperaturen und der Niederschlagsmenge ab, das Schmelzwasser nimmt immer andere Wege. Und so müssen die Männer, die die Höhle »besuchertauglich« machen, jedes Frühjahr aufs Neue ran: Stufen ins Eis schneiden, Löcher für Pfosten bohren, die mit Stahlseilen verbunden werden, den Pfad für die Laufbretter hacken. Alles für die Gäste, damit die sicher durch die einzige touristisch erschlossene Eishöhle in Deutschland spazieren können.

Nur einen Luxus verweigern die Verantwortlichen: In dem Naturdenkmal gibt es kein elektrisches Licht. Dafür erhält jeder Gast eine Karbidlampe, mit der er »Highlights« in die Wunderwelt des Eises setzen kann. 50 Meter unter dem Eingang liegt der tiefste Punkt der Höhle. Hier ist das Eis 3000 Jahre alt, erzählt der Führer und leitet die Besucher durch den Mörkdom mit seinen wunderschönen Eisformationen zurück zum Ausgangspunkt. Wo sie wie durch einen unsichtbaren Vorhang treten und wieder im Sommer stehen.

**Eishöhle** · Wanderung ab Parkplatz ca. 2 km außerhalb Marktschellenberg · Führung (45 Min.) ab Schneeschmelze–Ende Okt. stündl. 10–16 Uhr · www.eishoehle.net

Dokumentation Obersalzberg, die alten Bunkeranlagen dienen als Ausstellungsräume.

# 75 Freilassing: Karussell für Lokomotiven

*»Die Eisenbahnen sind wieder ein solch bestimmendes Ereignis, das der Menschheit neuen Umschwung gibt, das die Farbe und Gestalt des Lebens verändert. Es beginnt ein neuer Abschnitt in der Weltgeschichte, und unsere Generation darf sich rühmen, dass sie dabei gewesen«, schrieb Heinrich Heine 1843.*

**Anders als der Dichter, scheint König Ludwig I.** nichts vom Hauch der Weltgeschichte gespürt zu haben, und dabeisein wollte er auch nicht, als 1835 die erste Eisenbahn in Deutschland ihre Fahrt von Nürnberg nach Fürth antrat. Anders sein Sohn Max II. Der zeigte sich offen für technische Neuerungen und trieb auch den Ausbau des Bahnnetzes voran. Der 1854 bis 1860 errichtete Abschnitt der Maximiliansbahn führte von München nach Salzburg, letzte Station vor der Grenze war Freilassing. Bahnhof – das hieß Aufschwung: Ansiedlung von Industrie, Zuzug von Arbeitskräften. Durch die Inbetriebnahme weiterer Strecken wuchs die Bedeutung des Bahnhofs, und er wurde ausgebaut: 1902 bis 1905 entstand ein Gebäudekomplex mit Verwaltungsbau, Montagehalle, Elektrizitätswerk etc., zu dem auch ein Rundlokschuppen gehörte. Wie die 1924 erneuerte Drehscheibe im Zentrum des Rundbaus funktioniert, kann man einmal im Jahr beim »Drehscheibentag in der Lokwelt« sehen: Drei Lokomotiven dürfen ihren Stall verlassen und Karussell fahren. Aber auch wenn sie nur still auf ihren Gleisen stehen, Kraftpakete wie die bayerische Schnellzugdampflokomotive BIX 1000 aus dem Jahr 1874 faszinieren einfach. Die Sammlung, teils aus den Beständen des Deutschen Museums bestückt, ist nicht besonders groß, aber sie bietet Vielfalt: Zahnraddampfloks, Diesellokomotiven, historische Wagenabteile etc. Eine Sehenswürdigkeit für sich ist der restaurierte Lokschuppen mit der Holzbalkendecke, ein wunderbarer Rahmen für Veranstaltungen, wie die Jazz-Frühschoppen, die hier regelmäßig stattfinden.

**▶ Ob Frühstück, Pizzaessen im Kastaniengarten oder abendlicher Drink, der »Schmuggler« (Laufener Str. 7) ist ein beliebter Treff der Freilassinger.**

**Lokwelt Freilassing** · Fr–So 10–17, Ferienzeiten Di–So 10–17 Uhr · Westendstr. 5
83395 Freilassing · Tel. 08654/77 12 24/25 · www.lokwelt.freilassing.de

Die Lokwelt Freilassing – Eisenbahnmuseum und restauriertes Industriedenkmal

76

# Altenmarkt an der Alz: Das Werk lobt den Meister

*»Wer von Mühlberg nach Trostberg fährt und zu Fuß weiterwandert … den ganzen westlichen Teil des Chiemsees entlang, immer die Berge vor Augen, … erhält landschaftlich immer schönere Eindrücke. Künstlerisch bleibt der edelste doch wohl die kleine Dorfkirche von Rabenden mit ihrem berühmten Altar.«*

**Der Essayist Josef Hofmiller (1872–1933)** war ein genauer Beobachter und ein Reisender, der viel gesehen hatte. »Aber Rabenden übertrifft doch alles«, schrieb er in »Versuche« (1921). »Von außen eine Dorfkirche, wie man sie im Chiem- und Rupertigau aus den dunkelgrünen Nagelfluhblöcken dutzendweise findet. Auf dem grünen Rasen des Friedhofes über vierzig alte schmiedeiserne Grabkreuze in Reihen: ein ungewohntes Bild für den, der oberbayerische Friedhöfe kennt, wo Protzigkeit der Besteller und Geschmacklosigkeit der Handwerker meist nur alberne steinerne Hoffart zuwege bringen.« Die 48 Kreuze kann man noch immer bewundern, und allein wegen dieser filigranen Zeugnisse heimischer Handwerkskunst würde sich der Ausflug zur Kirche St. Jakobus der Ältere lohnen. Doch die wahre Sensation findet sich im Kircheninneren – das Hauptwerk des »Meisters von Rabenden«, so genannt, weil man nichts über den Künstler weiß, der diesen einzigartigen spätgotischen Flügelaltar zwischen 1515 und 1520 schuf. So muss das Werk den Meister loben: seinen sicheren Umgang mit Proportionen, sein Gefühl für Harmonie, sein malerisches Können ebenso wie seine Leistungen als Schnitzer. Die expressionistischen Gesichter der drei Apostelfiguren sind einfach grandios. Kein Wunder, dass sie Lovis Corinth inspirierten.

Das Verweilen in diesem Gotteshaus tue »sonderbar wohl«, resümiert Hofmiller. »Gute Gotik ist immer sachlich, rechtschaffen und eigenartig; sie blendet nicht und macht nichts vor; dabei hat sie eine so andächtige Liebe zum unscheinbarsten, oft unsichtbaren Detail, so viel handwerkliche Treue und Charakter, dass das brillanteste Barock daneben nicht aufkommt. Aus dem unscheinbaren Kirchlein geht man erquickt hinaus wie nach einem Bad.«

**Sankt Jakobus d. Ä.** · 83352 Altenmarkt an der Alz · geöffnet 8.30–16.30 Uhr

Allein der Blick in die Gesichter der drei Apostel lohnt den Weg nach Altenmarkt.

Schlösser gibt es viele in Bayern, wie die Arbeiter lebten, ist seltener dokumentiert.

77

# Garching an der Alz: Blick in die Wohnküche

*Was ist sozial? Amerikanische Unternehmen haben eine neue Variante entdeckt, um das Wohl der Arbeitskräfte mit dem Gewinnstreben der Firma zu verbinden: Social Freezing. Eizellen einfrieren, dann können die Mädels rund um die Uhr arbeiten, ungestört vom lästigen Ticken der biologischen Uhr.*

**Vor rund 100 Jahren verstand man unter »sozial«** etwas anderes. Damals engagierten die »Bayerischen Kraftwerke AG« den Architekten Otto Rudolf Salvisberg, der vor allem für seine Gartenstädte bekannt war. Die lagen im Trend – grüne, in sich geschlossene Refugien für wohlhabende Bürger. Die Garchinger Werkssiedlung konzipierte Salvisberg für eine andere Klientel: Reihenhäuser für Angestellte, Wohnungen für Arbeiter, Gärten und Strom für alle. Das war Anfang der 1920er-Jahre Luxus pur, elektrisches Licht gehörte nicht zum Standard einer Arbeiterunterkunft. Dazu schenkte das Unternehmen der Gemeinde Schwimmbad, Schule, Turnhalle, es erbaute ein Leichenhaus und vergrößerte den Friedhof. Beim Social Freezing geht's nur noch um die Wiege, damals gab's Service bis zur Bahre.

Die »gute alte Zeit« endete in den 80er-Jahren. Die Wohnungen der Janischsiedlung wurden privatisiert, die Gärten zu Spekulationsobjekten. Der Plan der Gemeinde, sie als Bauland zu verkaufen, scheiterte 2005 dank des Denkmalschutzes und der »bayernweiten Bedeutung« der Anlage. Seitdem hat sich zum Ärger der Bürger, die sich für den Erhalt ihrer Gartenstadt engagieren, nichts mehr getan. Doch die Garchinger geben nicht auf: Der Heimatbund baute eine Arbeiterwohnung in den Zustand des Jahres 1923 zurück und stattete sie mit Originalmöbeln aus. Mit diesem Projekt will man nicht nur ein Stück Zeitgeschichte erhalten, es soll auch als Denkmal dienen für »die Fabrikler«, die die gefährliche Arbeit am Karbidofen in Hart verrichteten. Wenn die Sehenswürdigkeit zudem noch Touristen anlockt, die darauf aufmerksam werden, dass die Grünflächen einer der schönsten deutschen Gartenstädte in einem »bedenklichen Zustand« sind – umso besser für die gute Sache.

**Janischsiedlung** · Janischplatz · 84518 Garching a. d. Alz · Besichtigung der Arbeiterwohnung n. Anfrage: 08634/81 58, 08634/15 22, 08634/660 65 · www.heimatbund-garching.de

# 78 Oberschroffen: Vom Eise befreit

*Ist die Natur parteiisch? Lässt sie einen Angehörigen des Bayerischen Landesamts für Umwelt etwas hören, was sie anderen verschweigt? Gut möglich. »Orgelähnliche Töne« könne man im ehemaligen Steinbruch Oberschroffen vernehmen, allerdings nur, wenn »dann auch noch starker Wind durch die Röhren« pfeift.*

**Dies sagte Roland Eichhorn,** Abteilungsleiter für Geologie des Landesamts für Umwelt, im Jahr 2009, als die Geologischen Orgeln bei Oberschroffen in den Kreis der hundert schönsten Geotope Bayerns aufgenommen wurden. Normalsterbliche dürfen sich bei dem Besuch eher auf visuelle denn akustische Reize freuen – und auf einen Blick in die Erdgeschichte. Dort, wo im 19. Jahrhundert Stein abgebaut wurde, der unter anderem für die Eindämmung des Inns Verwendung fand, wurden Verwitterungsröhren freigelegt, bis zu zehn Meter hohe, senkrechte Schlote mit bis zu 60 Zentimetern Durchmesser. Einige sind hälftig angeschnitten, andere vollständig erhalten, und, ob nun der Wind pfeift oder nicht, die Assoziation mit Orgelpfeifen drängt sich auf.

**▶ Der Alz-Inn-Radweg von Trostberg nach Wasserburg ist auch für Familien geeignet und nicht so viel befahren wie manch andere »Radlerautobahn«.**

Entstanden sind die Formationen im Eiszeitalter, dem Pleistozän, das vor 2,5 Millionen Jahren begann. In dieser Zeit war die Region nicht immer eisbedeckt, verschiedenen Kaltphasen – in den Alpen die Biber-, Donau-, Günz-, Mindel-, Riß- und Würm-Glaziale – folgten sogenannte Interglaziale mit warmem, feuchtem Klima, in denen sich Böden bildeten und Flora und Fauna das Land zurückeroberten.

Wie aus den von Gletschern in der drittletzten Eiszeit antransportierten Kalksteinen das Konglomerat mit den »Orgelpfeifen« entstand, verdeutlicht die Schautafel am Steinbruch. Der Text ist für den Laien recht kompliziert, Eichhorn formulierte es einfacher: »Als es dann wieder wärmer wurde, löste das Regenwasser den Kalk. Es entstanden bis zu zehn Meter hohe senkrechte Röhren, in denen manchmal sogar die Erde aus der Eiszeit erhalten blieb.«

**Geolog. Orgeln** · von Unterneukirchen (B 299) Richtg. Burgkirchen · rechts nach Oberschroffen über Mitterlehner, Bösl und Untergrund zum Parkplatz · Fußweg ca. 300 m

Die Geologischen Orgeln entstanden in der drittletzten Eiszeit, der Mindeleiszeit.

# 79 Altötting: Reise nach Jerusalem

*Der Himmel verheißt nichts Gutes. Düster liegt er über Jerusalem, das Wetter wird umschlagen, heißer, trockener Wüstenwind kündigt sich an. Vor den Toren der ummauerten Stadt liegt Golgatha, drei Kreuze stehen auf der Anhöhe, in der Mitte Jesus, entrückt, unerreichbar für jene, die ihn schmähen.*

**Sie sitzen – reich gekleidet, bewacht von Söldnern –** triumphierend hoch zu Ross und gestikulieren. Auf dem Felsplateau daneben die Frauen mit Maria – abgewandt, trauernd. Von Ferne verfolgen einige Jünger die Hinrichtung. Auch andere Stätten, die mit der Kreuzigung zu tun haben, sind zu sehen: Das Haus, in dem das letzte Abendmahl stattfand, der Palast des Pontius Pilatus, die befestigte Stadt mit ihren Türmen und Toren.

So ein Rundgang auf der Besucherplattform tut wohl. Weit reicht der Blick ins Land, man spaziert, verweilt, entdeckt neue Details, fühlt sich von den

Das Panorama in Altötting ist das einzige in Europa, das ein religiöses Thema zeigt.

Wegen ins Geschehen hineingezogen. Was die Künstler hier schufen, ist perfekter Illusionismus. 1200 Quadratmeter bemalte Bildfläche, 27 aneinandergereihte Stoffbahnen, der Kuppelbau hat einen Durchmesser von 30 Metern und ist 15 Meter hoch.

Bevor die Kinos ihnen die Schau stahlen, waren Panoramen Publikumsmagneten. Das erste »Rundblickgemälde« konnten die Londoner 1793 bestaunen, nach und nach entwickelte sich ein eigner Bautyp für die optimale Präsentation: Zentralbauten mit runden oder mehrseitigen Grundrissen, die auf- und abgebaut und von Stadt zu Stadt transportiert wurden. Man zeigte historische Ereignisse, Stadtansichten und Landschaften.

Wichtig dabei war Authentizität. Der fühlte sich auch der Maler Gebhard Fugel verpflichtet, unter dessen Leitung das Panorama in Altötting entstand. Man benützte schriftliche Quellen, ein Mitarbeiter reiste sogar ins Heilige Land, um die Topographie zu studieren. Das »Jerusalem Panorama Kreuzigung Christi« wurde 1903 eröffnet. Es zog nie von Ort zu Ort, die Wallfahrer kamen zu ihm. Und so blieb es im Originalzustand erhalten, als einziges Panorama Europas, das ein religiöses Thema im »umfassenden Rundblick« zeigt.

**»Jerusalem Panorama«** · 1.3.–31.10. 10–17, Dez. 11–15, Nov., Jan., Feb. Sa, So 11–15 Uhr
Gebhard-Fugel-Weg 10 · 84503 Altötting · Tel. 08671/69 34 · www.panorama-altoetting.de

# 80 Mühldorf: Skurriles für Jäger und Gejagte

*»Geh nur deine Wegerl, steig nur deine Stegerl, aus de Augn Jaga kimmst ma net. Heit werd's Kugerl gossn, morgn werd's Jagerl gschossn.« Dieses Gedicht von Georg Queri, vertont von Ludwig Prell, gehörte zum Repertoire der bekannten Volkssängerin Bally Prell und trägt den Titel »Der Wilderer«.*

**Jäger und Wilderer waren über Jahrhunderte natürliche Feinde.** Das Jagdrecht galt als Privileg der Adeligen und der ranghohen Kleriker, und deren Handlanger hatten dafür zu sorgen, dass sich niemand am Wild vergriff. Erwischten die Jäger einen Wilddieb, hagelte es drakonische Strafen, doch die Wilderer waren schwer zu fangen. Sie konnten auf die Unterstützung der Bauern zählen, die den Schaden hatten, wenn die Jagdgesellschaften über ihre Felder ritten und die Ernten vernichteten. Auch heute gibt es Menschen, die Waidmänner hassen: Tierbesitzer, die keine mehr sind, weil die Jäger zugeschlagen haben. Als der Hund eines Freundes von Hans Kotter erschossen wurde, beschloss der, sich die Jäger vorzuknöpfen. Allerdings goss er kein »Kugerl«, sondern errichtete ein Anti-Jagdmuseum – das »Jagdmusseum« –, in dem er mit Salven von Humor und Sprachwitz schießt.

Manchmal verirren sich Jäger, die das zweite »s« nicht gelesen haben, ins Museum, und manche finden es gar nicht lustig. Dabei kann man die Skurrilität schon von außen erkennen. Vor dem Hoftor ragen zwei Pobacken empor, an der »Denkmauer« ist ein Kreuz für den Bären Bruno angebracht, ein Besen erinnert an den Mühldorfer Hexenprozess von 1749/50, der mit der Hinrichtung der jungen Maria Pauer endete. Beide waren Opfer der »grenzenlosen Dummheit der Menschheit«, sagt Kotter, der auch behauptet, in seinem Museum sei »Kitsch, Kunst und Krempel drin«. Aber das stimmt nicht. Schließlich hängt da ein echter »Reh noir«, ein Exemplar des seltenen Wasserhahns ist zu sehen, den Kotter selbst erschossen hat. Und auch der Kopf eines Jägers, der vom »Kugerl« getroffen wurde, schmückt als Trophäe die Wand: »Traum des Gejagten«.

**Mühldorfer Jagdmusseum** · Mi 14–18 Uhr und n. Vereinb. · Stadtplatz 82 · 84453 Mühldorf/Inn
Tel. 08631/151 09 oder 08631/61 22 26 (Kulturbüro) · www.musseum.de

Mit valentineskem Hintersinn nimmt Hans Kotter die Jäger aufs Korn.

Jedes Wochenende im Sommer kann man den Inn mit einer Fähre überqueren (oben).
Die sanfte Landschaft birgt Überraschungen, die die Eiszeit hinterlassen hat (unten).

# Mühldorf: Fährmann, hol' über!

81

**Josef ist schon der dritte seiner Art –** seine beiden Vorgänger landeten im Museum. Und er ist der einzige, der den Inn noch so überquert wie in alten Zeiten: Josef III. ist der Nachbau einer alten Plätte, eines kiellosen, kastenförmigen, elf Meter langen Boots aus Lärchenholz. Der Fährmann stellt das seilgebundene Schiff quer zur Strömung, und es gleitet ohne jeden Antrieb und Motorenlärm über den Fluss. Nicht nur diese Fahrt ist ein ganz besonderes Erlebnis, auch das Ziel lohnt den Besuch. Im Naherholungsgebiet Starkheim wurde ein Naturlehrpfad angelegt, und vom Aussichtspunkt kann man den Blick auf die hübsche alte Stadt Mühldorf genießen.

**Innfähre bei Mühldorf** · Karfreitag–Allerheiligen Sa, So 10–19 Uhr · Abfahrt: Innstr. 20 84453 Mühldorf · Sonderfahrten: Tel. 08631/184 30

# Haager Land: Wo Weiher Kessel sind

82

**Was ist Toteis? Wasser, denkt der Laie.** Wenn Eis »stirbt«, wird es flüssig. Der Fachmann sieht das anders: Für ihn ist Toteis ein Eisblock, der sich von einer Gletscherzunge gelöst hat. Bedecken Schotter oder andere Sedimente das Eis, wirkt das isolierend, und die Blöcke schmelzen sehr langsam.

Weiher, denkt der Laie, der durch die sanfte, hügelige Landschaft über Wiesen- und Waldwege wandert. Toteiskessel, sagt der Fachmann, entstanden durch das Abtauen der Blöcke und Nachsacken der Sedimente. Ein Faltblatt, das im »Hofcafé« ausliegt, liefert das Hintergrundwissen und macht den Spaziergang durch die von der letzten Eiszeit geformte Landschaft zum spannenden und lehrreichen Erlebnis.

**Toteiskesselweg** · Wanderung 2–2,5 Std. · Start: Info-Tafel Parkplatz des »Hofcafé Grandl« an der B12 Passau–München, Ausfahrt Haag · www.toteiskessel.de

# 83 Bockhorn und Taufkirchen: Die Kleine Wies

**Die Wieskirche im Pfaffenwinkel kennt jeder.** Wo aber liegt die »Kleine Wies«? In einer Region, bei der man an Flughafen und Therme, nicht aber an Sakralbauten denkt. Dabei gibt es im Erdinger Land gleich drei Rokoko-Dorfkirchen: in Eschlbach, Oppolding und in Hörgersdorf, wo die Prächtigste, die »Wies«, steht. Sie wurde um 1760 von Matthias Fackler, Altarschreiner, dem Bildhauer Christian Jorhan und Johann Anton Pader, von dem die fantastischen Stuckarbeiten stammen, ausgestattet. Die drei waren auch in den anderen beiden Kirchen tätig und schufen das »Erdinger Sonderrokoko«, das als »Gipfel und Schlusspunkt des süddeutschen Rokoko« gilt.

**Hörgersdorf: St. Bartholomäus** · im Sommer ab ca. 9 Uhr Einblick durch die Vorhalle
84416 Taufkirchen/Vils · Bockhorn-Oppolding, Eschlbach: unregelmäßig geöffnet

# 84 Erding-Klettham: Platzproblem grandios gelöst

**»Kirchen kann man nicht bauen, sondern nur ermöglichen!** Das gibt dem Baumeister Grenzen vor«, schrieb Hans-Busso von Busse (1930–2009). Der Architekt meinte damit den spirituellen Aspekt seiner Arbeit, aber bei der 1963 eingeweihten Erlöserkirche waren ihm reale Grenzen gesetzt. Der Baugrund war lang und schmal, eine Parzelle in einem Wohngebiet. Statt die Kirche zwischen zwei Straßen zu exponieren, beschloss Busse, sie samt Vorplatz abzuschirmen. Nur die Zeltdachkonstruktion überragt die Mauern. Den großen Auftritt überlässt der Architekt dem kühn gestalteten Innenraum: Sechs kreuzförmig einander zugeordnete Holzjoche überspannen das Mauerwerk, man glaubt, in einem auf den Kopf gestellten Schiffsrumpf zu stehen.

**Erlöserkirche** · nur vor oder nach Gottesdiensten (meist So 10.30 Uhr) zu besichtigen
Friedrichstr. 11 · 85435 Erding-Klettham · www.ev-kirche-erding.de

Die »Kleine Wies« ist ein Rokokojuwel, die Marienfigur stammt aus dem 15. Jahrhundert.

Freising ist auf Rosen gebettet. Eine Züchtung trägt sogar den Namen der Stadt.

# Freising: Von Bären und Rosen

85

*Ihre Kolleginnen tragen exotische Namen wie Castella, Sahara oder Centenaire de Lourdes. Sie kommt eher bieder, dafür aber lokalpatriotisch daher: Rosenstadt Freising heißt die 2002 gezüchtete Strauchrose. Ihre Blüten erreichen einen Durchmesser von sieben Zentimetern und sind weiß mit rotem Rand.*

**Weiß und rot sind die Stadtfarben von Freising.** Das Wappen zeigt einen Bären, auf dem Rücken trägt er ein Bündel in eben jenen Farben. Die Schnauze des Tiers ist etwas lang geraten, vermutlich, damit er eine Reihe weißer Zähne und die rote Zunge zeigen kann. Der Bär wurde – gezwungenermaßen – zum Lasttier des heiligen Korbinian, der ist Freisinger Bistumspatron, und so kommt der Bär ins Wappen und an den Bahnhof. Dort empfängt er die Besucher, aufrecht stehend in einem Rosenbeet, sein Fell zieren Rosenmotive.

Ein Auftakt, der das Thema für einen sommerlichen Besuch Freisings vorgibt. Nicht nur die Züchtung, auch die Domstadt trägt den Namen Rosenstadt. Die Gesellschaft Deutscher Rosenfreunde verlieh den Titel 2001 mit der Begründung, dass die Zierpflanze seit Jahren das Stadtbild präge. Das ist sehr nüchtern formuliert, aber seit Gertrude Stein geschrieben hat »Eine Rose ist eine Rose ist eine Rose ist eine Rose«, weiß man, dass Sprache kapitulieren muss, wenn es um die Schönheit der Königin der Blumen geht. Die residiert in Freising überall: in den städtischen Anlagen wie der Moosach-Insel, in privaten Gärten, in den Gassen der Altstadt, vor Geschäften – die Domstadt ist auf Rosen gebettet.

**▶ Die Weinstube »Altes Gefängnis« (Obere Domberggasse 16) bietet interessante Führungen (Mai–Okt. Sa 13, 14 Uhr) durch den alten Knast.**

Gartenliebhaber jeder Couleur sollten den Tag in Weihenstephan ausklingen lassen. Diejenigen, die sich für Hortikultur interessieren, spazieren durch die berühmten Gartenanlagen des ehemaligen Klosters. Wer Gartenkultur mit Bier und Essen verbindet, ist ebenfalls richtig. In Weihenstephan wird seit 1204 gebraut, und der Biergarten vom »Bräustüberl« ist ein Schmuckstück.

**»Bräustüberl Weihenstephan«** · 10–24 Uhr · Weihenstephaner Berg 10 · 85354 Freising
Tel. 08161/130 04 · www.braeustueberl-weihenstephan.de

# 86 Gammelsdorf: Alles für unsere Wittelsbacher

*Die bayerische Geschichte ist kompliziert. Das liegt nicht nur an den Landesteilungen, Bündnissen, Gebietszuwächsen und -verlusten, sondern auch daran, dass so viele Wittelsbacher dieselben Namen tragen. Allein zehn der Herzöge, Kurfürsten und Könige heißen Ludwig. Zwei von ihnen wurden zum Mythos.*

**Der eine, weil er der einzige amtierende Kaiser war,** den die Wittelsbacher stellten: Ludwig der Bayer. Der andere, weil er kitschige Schlösser baute und sich auch sonst recht exzentrisch gerierte: Ludwig II. Ludwig der Bayer lebte in einer Zeit, in der die Herrscher noch selbst in die Schlacht zogen. Die von Gammelsdorf im November 1313 ging als die letzte große Ritterschlacht – Mann gegen Mann – in die Geschichte ein und legte den Grundstock für Ludwigs Karriere: Er besiegte die Habsburger. »Herzog Ludwig ruckt für sich, griff zu morgen frue die wagenpurg an, stürmet dran bis an den abent«, berichtet Aventinus in der »Bairischen Chronik« (1517–1522). Heute lauten Presseberichte alljährlich etwa so: »Mehrere Hundert Königstreue sind am Samstag in Gedenken an die Schlacht von Gammelsdorf durch den Ort gezogen. Einige Teilnehmer schwangen Fahnen oder hielten Schilder mit dem Konterfei von König Ludwig II. hoch. Dazu spielte die Blasmusik.«

Stellt sich die Frage, was der Kaiser mit dem König zu tun hat. Nun, beide sind Wittelsbacher, und für die, sagen die Königstreuen, »tun wir alles und für unser Bayernland«. Und da der schillerndste Familienangehörige nun mal der Märchenkönig ist, marschieren sie in seinem Namen, die Banner zeigen sein Bildnis – das des ewig jungen, schönen Königs. Wenn die Königstreuen vom »Traum der Selbstständigkeit« sprechen, sollte man sie nicht darauf hinweisen, dass es Ludwig II. war, der Bayerns Souveränität an Bismarck verkaufte und dafür ab 1871 jährlich 300 000 Mark erhielt. So pittoresk das »Winterpatriotentreffen« ist, die Königstreuen nehmen ihre Sache sehr ernst. Und man möchte ja nicht, dass sich die Ritterschlacht wiederholt. Sie soll bleiben, was sie ist: die letzte in der Geschichte.

**Monarchistentreffen Gammelsdorf** · 3. Samstag im Jan. ab 10 Uhr · 13.15 Uhr Zug zum Schlachtendenkmal · www.verband-der-koenigstreuen.de

Die Schlacht in Gammelsdorf schlug Ludwig der Bayer, geehrt wird Ludwig II. (oben).
Bevor man mit Autos protzte, war das Charivari das Statussymbol reicher Bauern (unten).

Der Waldkletterpark vereint Nervenkitzel mit sportlicher Herausforderung.

# 87

# Jetzendorf: In allen Wipfeln ist Unruh'

*»Einst haben die Kerls auf den Bäumen gehockt,/ behaart und mit böser Visage./ Dann hat man sie aus dem Urwald gelockt/ und die Welt asphaltiert und aufgestockt,/ bis zur dreißigsten Etage.« So beginnt Erich Kästners Gedicht »Die Entwicklung der Menschheit«, das im Jahr 1931 veröffentlicht wurde.*

**Heute sitzen in den obersten Etagen** die Topmanager, und damit nicht »noch genau derselbe Ton/wie seinerzeit auf den Bäumen« herrscht, haben die sich, geleitet von Unternehmensberatern, was ausgedacht. Sie stärken das »Wir«, sie fördern Vertrauen, sie treffen sich, oberste und unterste Etage, auf Augenhöhe. Und dazu steigen sie auf die Bäume.

Da dem Homo sapiens das Greifwerkzeug an den Füßen fehlt, trägt er Sportschuhe, schützt das Hirn, auf das er so stolz ist, mit einem Helm und hängt sich mit Karabinern an Sicherungsseile – wär' ja kontraproduktiv, wenn der »Teambuilding-Event« mit herben Verlusten enden würde. Trainer weisen ein, stehen bereit, wenn Wege über schwankende Bohlen und Hängebrücken Panikattacken hervorrufen, Plattformen an den Stämmen bieten rettende Inseln.

Drei Hektar groß ist der Waldkletterpark Oberbayern, und er ist natürlich nicht nur Ziel von Gruppen, denen der Chef die »Wir-Stärkung« verordnet hat, sondern auch Ausflugsziel für Familien, die sportliche Herausforderung suchen. 130 leichte und schwere Übungen bieten die 14 Parcours, drei davon sind für Kinder. Die allerdings müssen an die Meßlatte: 1,15 Meter ist die Mindestkörpergröße, ab 1,30 Meter dürfen die Mädchen und Buben fast überall klettern, ab 16 Jahren können sie sich frei von Baum zu Baum bewegen und bis auf 24 Meter hoch in die Wipfel steigen. Der Suchtfaktor ist groß, hat man die leichten Hürden genommen und sich ans Schwanken gewöhnt, kommt der Drang nach Höherem. So sind die Menschen. Erich Kästner weiß warum: »Bei Lichte betrachtet sind sie im Grund/ noch immer die alten Affen.«

▶ **Statuen, Postkarten, Uniformen – alles, was älter ist als 80 Jahre, findet man bei Antik Möbel Maier in Lampertshausen, Jetzendorfer Str. 20.**

**Waldkletterpark Oberbayern** · Do, Fr 14–19, Sa, So 9–19, Ferien: Mo–Fr 10–19, Sa, So 9–19 Uhr
Schrobenhausener Str. 1 · 85305 Jetzendorf · Tel. 0170/326 72 97
www.waldkletterpark-oberbayern.de

# 88 Wolnzach: Bier und Schokolade

*Auch wenn Bayern – im Wettstreit mit Nordrhein-Westfalen – noch immer eine Spitzenposition im Bierkonsum einnimmt, der Verbrauch ist rückgängig. Kontinuierlich und seit Jahren. Wer cool ist, schlürft Drinks, wer fit ist, fürchtet den Bierbauch, Fernsehköche empfehlen Weine zu ihren erlesenen Menüs.*

**Die Brauindustrie sieht diese Entwicklung mit Schrecken.** Und versucht, das Image des Gerstensafts aufzupolieren. Da wird jedes im Brauchtumskalender verankerte Fest vom Bayerischen Brauerbund zum »Bierevent« hochstilisiert, und ansonsten macht man's wie die Winzer: Seit 2009 wird eine Bayerische Bierkönigin gekrönt, es gibt Biersommeliers, Bierverkostungen.

An den Stammtischen im Lande schüttelt man die Köpfe, greift zur Maß und resümiert, dass die »Leut jeden Schmarrn mitmachen«. Ob Schmarrn oder Sensation für die Sinne kann jeder für sich entscheiden. Gelegenheit dazu bietet das Hopfenmuseum in Wolnzach, dem Zentrum des größten Hopfenanbaugebiets der Welt. In dem modernen, auch architektonisch interessanten Ausstellungsbau dreht sich alles um das Thema Hopfen. Und: Es werden Bierseminare mit diversen Themenschwerpunkten angeboten. Da kann man ausländische Produkte probieren, zum Beispiel aus Belgien, wo kein Reinheitsgebot die Brauer in ihrer Kreativität einschränkt und unter anderem Fruchtbiere getrunken werden. Man lernt Biere als Begleiter zu Käse – bayerischen und internationalen Sorten – kennen oder kann das Hallertauer Biermenü verkosten: sechs Biere, sechs dazu passende Gerichte.

Die meisten Angebote richten sich an Gruppen, aber es gibt auch »Bierseminare für Individualgäste«. Zum Beispiel »Kochen mit Bier«, ein Thema, bei dem selbst am Stammtisch keiner mit der Wimper zucken würde. Bierbratl, Apfelkücherl im Bierteig – das sind Klassiker der bayerischen Küche. Aber Bier und Schokolade? »Mia gangst.« Warum eigentlich nicht? Probieren. Gleich, wie das Experiment ausfällt, ob man davon am heimischen Stammtisch erzählt, kann man sich immer noch überlegen.

**Deutsches Hopfenmuseum Wolnzach** · Di–So 10–17 Uhr · Elsenheimer Str. 2 · 85283 Wolnzach
Tel. 08442/7574 · www.hopfenmuseum.de

Mehr als tausend Quadratmeter Ausstellungsfläche und nur ein Thema: Hopfen (oben)
Während der Hopfenernte wurden Saisonarbeiter aus nah und fern beschäftigt (unten).

# 89 Schrobenhausen: Der Sohn des Stadtmaurers

*2014 hatten die Schrobenhausener Grund zum Feiern: Ihre Stadtbefestigung wurde 600 Jahre alt. Sie überdauerte den Dreißigjährigen Krieg, den Zweiten Weltkrieg, noch immer ragen zwölf Türme über den Wall, die im Rahmen der Feierlichkeiten illuminiert wurden. Einer von ihnen heißt Lenbachturm.*

**Anders als die Straße und der hübsche Platz** im Zentrum von Schrobenhausen trug der Turm den Namen schon bevor Franz, der 1836 geborene Sohn des Stadtmaurermeisters Joseph Lenbach, zu Ruhm und Ehren gelangte. Joseph hatte 1823 Baugrund gekauft, einen Teil der Stadtmauer, zu der auch der Turm gehörte – und so wurde der im Volksmund zum Lenbachturm. Der Vater nutzte ihn als Lagerraum, der Sohn als Motiv – um 1854 entstand das Bild »Mauerturm neben dem Elternhaus« – und wohl auch als »Galerie«, als er 1855 »das geehrte Publikum zur Einsichtnahme schon gemalter Portraite

Hinter der turmbewehrten Mauer lag Schrobenhausen jahrhundertelang geschützt.

und anderer Arbeiten ergebenst« einlud. Die Jahre, in denen Lenbach »ergebenst« auftrat, sollten gezählt sein. 1854 wurde er an der Akademie der Bildenden Künste in München aufgenommen, wo er sich nach diversen Studienreisen 1868 niederließ und sich auf Porträtmalerei spezialisierte.

Mit seiner an den Alten Meistern orientierten Technik wurde er bald in Europa und in Übersee bekannt. Er porträtierte Kaiser und Könige, kirchliche Würdenträger, Künstler, Wissenschaftler, Industrielle. Großbürger, zu Geld gekommen und begierig nach der bis dato dem Adel vorbehalten Selbstdarstellung, taten gut daran, »ergebenst« aufzutreten. Lenbach nahm nicht jeden, ein Bild von seiner Hand kam dem gesellschaftlichen Ritterschlag gleich.

**▶ Bei Schrobenhausen denkt man an Spargel. Aber es gibt hier auch einen sehr guten Griechen mit hübschem Gastgarten: »Apollon«, Georg-Alber-Str. 3b.**

Lenbach wurde geadelt, reich und einflussreich. Die Geschichte, dass er aus bitterarmen Verhältnissen kam und barfuß nach München ging, weil er sich keine Schuhe leisten konnte, stimmt übrigens nicht. Der Schrobenhausener Stadtmaurermeister war nicht arm, Sohn Franz lief nur gerne barfuß.

**Lenbachhaus und -turm** · Mai, Juni tägl. 10–17, Juli–April Mi, Sa, So 14–16 Uhr · Ulrich-Peißer-Gasse 1 · 86529 Schrobenhausen · Tel. 08252/902 37 · www.museen-schrobenhausen.byseum.de

Ochsen haben keinen Sinn für Romantik, Menschen aber genießen das idyllische Paartal (oben).
In Hinterkaifeck wurden sechs Menschen Opfer »gottloser Mörderhand« (unten).

# 90

# Schrobenhausen: Auf den Spuren der Rindviecher

**Monatelang zur Schlachtbank wandern.** Grasen, rasten, wiederkäuen. Davon können die Rinder nur träumen, die heute quer durch Europa gekarrt werden. Früher galten Ochsen als »Ware, die sich selber trägt«. Abertausende zogen im Sommer von der ungarischen Tiefebene nach Westen. Auf dem Ochsenweg, der über Schrobenhausen nach Augsburg führte, tobt heute der Verkehr auf der B300. Der »Oxenweg« für Wanderer ist idyllischer, er verläuft durchs Paartal, »eine der letzten naturnahen Flusslandschaften Bayerns«. Naturnah heißt: landschaftliche Schönheit in der Nähe von Zivilisation. So kann man's machen wie die Ochsen: gemütlich wandern, rasten, einkehren.

**Oxenweg von Schrobenhausen nach Radersdorf** · 13 km · keine Steigungen, ideal für Familien
Rückweg mit der Bahn · www.schrobenhausen.de

# 91

# Hinterkaifeck: Blutige Provinz

**Der Name Hinterkaifeck hat keinen Wiedererkennungswert.** Ersetzt man ihn durch Tannöd, leuchten die Augen der Krimifreunde. Hier war das? Ja, hier zwischen Gröbern und Laag. Längst ist Gras über den Tatort gewachsen, der Einödhof wurde abgerissen, nur ein kleiner Gedenkstein führt die Namen derer auf, die am 31. März 1922 »gottloser Mörderhand« zum Opfer fielen.

Sechs Menschen, eine ganze Bauernfamilie und die Magd, wurden mit einer Hacke erschlagen. Viel Blut, undurchsichtige Familienverhältnisse – der Fall wurde nie gelöst. Und das macht ihn natürlich umso interessanter. Andrea Maria Schenkel hat aus diesem Stoff ein Meisterwerk geschaffen, 2007 erhielt sie für »Tannöd« den ersten Platz beim Deutschen Krimi Preis.

**Hinterkaifeck** · bei Gröbern, Gemeinde Waidhofen · Herbst, Winter Laternenwanderungen von Waidhofen nach Hinterkaifeck · Tel. 08443/10 33 · www.gasthof-bogenrieder.de

92

# Manching: Gottes Zeltmacher

*Bis 1800 war der Katholizismus in Bayern Staatsreligion. Kein Wunder, dass die ersten »Andersgläubigen« bestaunt wurden wie exotische Tiere. Welchen Empfang man ihm bereitete, berichtet der Pfarrer der ersten evangelischen Kirche in Oberbayern, die 1822 in Großkarolinenfeld errichtet wurde.*

**Vor seiner Wohnung hatten sich Leute versammelt,** die wissen wollten, wie er aussah. Als er sich »zeigte, schaute die Menge ihn lange staunend an und äußerte dann noch den Wunsch, auch die Frau des Pfarrers zu sehen. Nachdem sie sich zu ihrer Verwunderung überzeugt hatten, dass beide ein menschliches Angesicht trugen, gingen sie ruhig wieder auseinander.«

Vor allem im ländlichen Bereich lebten die Evangelischen in Oberbayern bis ins 20. Jahrhundert hinein in der Diaspora. Das änderte sich nach dem Zweiten Weltkrieg mit dem Zuzug der Flüchtlinge. Die neuen evangelischen Gemeinden brauchten Kirchen, und auf deren Bau spezialisierte sich Olaf Andreas Gulbransson (1916–1961), der Sohn des Simplicissimus-Karikaturisten. Allein in Bayern schuf er 16 evangelische Gotteshäuser, ein Teil wurde nach seinen Plänen postum fertiggestellt. Die Friedenskirche in Manching gilt als sein – viel zu wenig bekanntes – Meisterwerk. Wenig bekannt, aber anerkannt: Der Bau aus dem Jahr 1958 inklusive dessen Ausstattung, bei der Gulbranssons Frau mitwirkte, steht seit 1993 unter Denkmalschutz.

Der Architekt wurde »Gottes Zeltmacher« genannt, wenn man die Nordwand der Friedenskirche betrachtet, weiß man warum: Gulbransson verzichtet auf einen Turm und gestaltet die Fassade mit ihrem asymmetrischen Dreiecksgiebel so, dass sie in steiler Schräge über die Straße hinauswächst. Ein Rundbogen erlaubt die Durchfahrt, darüber ist das Geläute in Maueröffnungen untergebracht. Das Material für die außergewöhnliche Gestaltung des Mauerwerks fand Gulbransson vor Ort. Er benutzte Ziegel und Bruchsteine vom Vorgängerbau, einem Vorwerk des 1875 bis 1883 erbauten äußeren Festungsgürtels um Ingolstadt, das 1945 gesprengt wurde.

**Evangelische Friedenskirche** · geöffnet auf Anfrage im Pfarramt, Tel. 08459/328 20
Am Schlossberg 12 · 85077 Manching

Nicht schwer zu erraten, warum Gulbransson »Gottes Zeltmacher« genannt wurde.

Was machten die Menschen mit diesem Ding? Die Außerirdischen rätseln.

# Ingolstadt: Eine urbayerische Maschine

93

*Im Jahr 20014 – die Erde ist zerstört und unbewohnt – erforschen Wesen aus einer fernen Galaxie den Planeten. Da die Erdlinge recht einfach gestrickt waren, gelingt es den sehr viel intelligenteren Außerirdischen schnell, sich ein Bild vom Leben und Wirken der ausgestorbenen Rasse zu machen.*

**Die Mission scheint beendet, da stoßen** sie auf 48° 45′ 49″ nördlicher Breite und 11° 25′ 34″ östlicher Länge auf ein Objekt, das Rätsel aufgibt. Dass es sich um eine Holzkonstruktion handelt, die so groß ist, dass die Erdlinge sie begehen konnten, ist schnell rekonstruiert. Auch die Mechanik bereitet keine Probleme: Elektromotor, Treibriemen, bewegliche Eisenflügel, Messer – offensichtlich wurde hier etwas zerstampft. Aber was und warum?

Die Außerirdischen werden es nie ergründen, denn sie kennen die seltsamen Gebräuche der Bayern nicht. Wie könnten sie auch ahnen, dass die Menschen sich Tabak in die Nase schieben und dies zu einer Disziplin erhoben haben, in der seit 1979 sogar Meisterschaften stattfinden: Den Titel Schnupftabak-Weltmeister erhält, wer in einer Minute fünf Gramm Tabak in ein Nasenloch stopfen kann. Fast alle WM finden übrigens in Bayern statt.

Das Objekt, das den Wesen aus der fernen Galaxie so viel Kopfzerbrechen bereiten wird, steht im Stadtmuseum Ingolstadt. Es handelt sich um eine Zerkleinerungsmaschine für die Schnupftabakherstellung aus dem 19. Jahrhundert. Sie stammt aus der 1774 gegründeten und 1928 nach Ingolstadt umgesiedelten Firma Lotzbeck. Die wurde sogar von Eduard Mörike bedichtet: »Alle Blümlein auf der Wiese,/ an des klarsten Bächleins Lauf,/ wiegt doch eine Morgenprise/ vom bekannten ›Lotzbeck‹ auf.« Die Zerkleinerungsmaschine kam am Ende eines Prozesses zum Einsatz, der Jahre dauern konnte: Je nach Rezeptur wurden Tabakblätter verschiedener Sorten gemischt, mit Aromen versehen, fermentiert, gelagert und langsam getrocknet. War der Tabak zerstampft, musste noch Feuchtigkeit zugesetzt werden. Und das war in Bayern bis 1914 Butterschmalz, daher der Name Schmalzler oder Schmai.

**Zerkleinerungsmaschine für Schnupftabak** · Stadtmuseum · Di–Fr 9–17, Sa, So 10–17 Uhr
Auf der Schanz 45 · 85049 Ingolstadt · Tel. 0841/305 18 85 · www.ingolstadt.de/stadtmuseum

# 94 Ingolstadt: Die »Nestbeschmutzerin«

*»Ein junges Mädchen Ihrer Stadt, der die Kochschule nichts Interessantes bot, hat zu dichten begonnen. Verspottung der Provinz; Ingolstadt als idiotisches Nest; Soldaten als Schweinehunde. Rufen Sie doch die Dichterin zurück! Verheiraten Sie das Mädel, vielleicht gibt sie dann das Stückeschreiben auf!«*

**Dieser 1929 in einer Berliner Zeitung** veröffentlichte Brief war an den Bürgermeister von Ingolstadt gerichtet. Der erhob »feierlichst Protest« gegen »das gemeine Machwerk der Schriftstellerin Marieluise Fleißer«, wodurch Ingolstadt »aufs schwerste beleidigt und verhöhnt wird«.

»Pioniere in Ingolstadt« war das zweite Stück der 1901 geborenen Autorin, das den Namen ihrer Heimatstadt trug. Bereits das erste, 1926 in Berlin aufgeführte, »Fegefeuer in Ingolstadt«, wurde von den Kritikern positiv aufgenommen, Alfred Kerr nannte die Autorin eine »kostbare Abschreiberin kleinmenschlicher Raubtierschaft«.

Wie ihr Geburtshaus zeigt, kam die Fleißer aus kleinen Verhältnissen. Sie hatte aber keineswegs »die Kochschule« besucht, sondern Abitur gemacht. Lehrerin sollte sie werden, damals der einzige Beruf, der Frauen aus der Unterschicht eine Aufstiegsmöglichkeit bot. Sie aber studierte Theater, lernte Feuchtwanger und Brecht kennen, die ihr Talent erkannten und förderten. Brecht war es auch, der die »Pioniere« so zuspitzte und inszenierte, dass es zum Skandal kam. Mit dessen Folgen musste die junge Frau allein fertig werden, und schließlich blieb ihr, verarmt und deprimiert, nichts anderes übrig, als in die Provinz zurückzukehren, deren Enge sie in ihren Stücken beschrieb. 1935 heiratete sie einen Tabakwarenhändler, nun stand sie in dessen Geschäft, was sie schrieb, blieb in der Schublade. Erst ab 1950 wurde die Theaterwelt wieder auf sie aufmerksam, der große Durchbruch kam in den 60er-Jahren, als Sperr, Fassbinder und Kroetz ihre Stücke neu inszenierten. Was einst für Skandale gesorgt hatte, entsprach nun dem Zeitgeist, und als die Fleißer 1974 starb, war sie eine geachtete und mit vielen Preisen ausgezeichnete Autorin.

**Fleißerhaus** · Kupferstr. 18 · 85049 Ingolstadt · Tel. 0841/305 18 55 · www.fleisser.net
Gedenkstätte wegen Renovierung bis 2016 nur von außen zu besichtigen

Dass ihr Geburtshaus mal Museum wird, hätte die Dichterin 1929 nicht erwartet.

Engel im Einsatz – sie halfen den Christen beim Kampf gegen die Osmanen.

# Ingolstadt: Große und kleine Kostbarkeiten

95

*Sie heißt Maria de Victoria, aber wenn man sie sucht – sie liegt etwas versteckt –, fragt man einfach nach der Asamkirche. Dass das Werk den Namen der Künstler trägt, ist ungewöhnlich, aber berechtigt: Schließlich gehören die Bauten der Gebrüder Asam zu den grandiosesten des bayerischen Barocks.*

**Hier in Ingolstadt stellt vor allem** Cosmas Damian seine Genialität unter Beweis. 1734 schuf er in nur sechs Monaten das Fresko »Menschwerdung des Herrn«, die Farben sind noch original erhalten. Unglaublich, wie der Maler auf einer Flachdecke von 490 Quadratmetern mit den Perspektiven spielt und das Gefühl vermittelt, der Raum öffne sich nach oben und ende direkt im Himmel. Um dieses Wunderwerk zu genießen, muss man immer neue Standorte einnehmen. Zum Beispiel: Das Füllhorn in der allegorischen Darstellung Europas zeigt sich von einer Position aus voll mit Früchten und Blüten, von einer anderen aus gesehen ist es leer, der Inhalt ergießt sich über die Fläche.

Wenn man lange genug zur Decke gestarrt hat, um all die verblüffenden Effekte wahrzunehmen, tut der Nacken weh und die Sinne sind gesättigt. Es wäre aber ein Fehler, die Kirche nun zu verlassen, denn sie birgt noch eine Sensation. Nach dem Theater auf großer Bühne geht's nun mit kleinsten Details weiter: Die Lepanto-Monstranz in der Schatzkammer ist nur 1,23 Meter hoch, aber welche Dramen spielen sich hier ab: Engel schleudern Blitze auf das sinkende türkische Schiff, der Sultan flüchtet ins Beiboot, im Wasser Ertrinkende. Aufrecht steht das Schiff der Sieger, goldglänzend. Erzengel Michael überreicht Maria den Lorbeerkranz – die Seeschlacht von Lepanto (1571) ist gewonnen, die christlichen Mittelmeermächte haben die Osmanen besiegt.

30 Jahre arbeitete der Goldschmied Johann Zeckel an diesem einzigartigen Werk aus Gold, Silber und Edelsteinen, 1708 war die Auftragsarbeit vollendet. Zeckels Monstranz gilt eine der bedeutendsten sakralen Goldschmiedearbeiten, Asams Deckengemälde ist das weltweit größte Flachdeckenfresko – Maria de Victoria punktet mit Kunstgenuss im Superlativ.

**Kirche Maria de Victoria** · Nov.–Feb. Di–So 13–16, März–Okt. 9–12, 12.30–17 Uhr, Mai–Sept. auch Mo geöffnet · Neubaustr. 11 · 85049 Ingolstadt

# 96 Neuburg: Großes Theater mit kleinen Mitteln

*Was braucht man, um gutes Theater zu machen, das Jung und Alt begeistert? Zwei Darstellerinnen, die Gestik und Mimik beherrschen, sprechen, singen und tanzen können. Einen erfahrenen Regisseur und einen exzellenten Lichttechniker. Plus jede Menge Fantasie und Engagement. Und: Pappe.*

**Vorhang? Vergiss es. Kulisse?** Die weiße Wand, auf der Licht und Schatten tanzen; Tür, Fenster, Bett, Tisch an Drähten aufgehängt. Kostüme – mal ein Kittel, mal Alltagskleidung. Requisiten nur wenn unbedingt nötig. Alles muss schnell aufzubauen sein, einfach zu verstauen, leicht zu handhaben. Das klapp&papp THEATER ist mobil, es tritt in Schulen und an anderen Veranstaltungsorten auf. Deshalb sind Pappe und leichtes Holz das Material der Wahl, und mehr braucht Ellen Wittmann nicht, um das Bühnenbild und die Puppen zu fertigen, kleine, mit viel Fantasie und Können gebastelte Wunderwerke, die als Akteure auftreten. Ellen Wittmann und Alice Klötzel führen die Puppen, sprechen für sie, im fliegenden Wechsel lenken sie die Aufmerksamkeit der Zuschauer von der Figur zum Menschen.

Die erste Aufführung fand 2005 statt. Die Schauspielerinnen Ellen und Alice hatten sich an Hans Hirschmüller gewandt, ein Urgestein des Theaters, der mit Rainer Werner Fassbinder und Peter Zadek gearbeitet hatte und nun die Rolle des Regisseurs übernahm. Wolf Steigerwald, zuständig für Bühnentechnik und Beleuchtung, ergänzte das Team. Ihre feste Bühne konnten sie in einem kleinen, fensterlosen Raum im Stadtmuseum von Neuburg einrichten.

Ihre Stoffe findet die Gruppe in der Literatur, der Welt der Märchen oder des Orients. Adaption, Interpretation, Hinterfragen – die Botschaft muss einfach sein, damit die Kinder sie verstehen. Aber es gelingt auch immer, Anspielungen und Humorvolles einzubauen, an dem auch Erwachsene ihre Freude haben. Die sollten sich nicht daran stören, dass die Truppe als »Kinder- und Familientheater« firmiert und damit suggeriert, dass Erwachsene ohne Begleitung von Kindern hier fehl am Platz sind. Stimmt nicht!

**klapp&papp THEATER** · Stadtmuseum Neuburg · Amalienstr. 19 · 86633 Neuburg an der Donau
www.pappundklapp.de

Alice Klötzel und Ellen Wittmann – die Frauen, die mit den Puppen tanzen

Beim Erntefest ziehen die Pferde die Quadriga, in der auch Gäste fahren dürfen.

# Möckenlohe: Der Bauer als Historiker

97

*Für einen Landwirt ist das ein Albtraum: Er pflügt seinen Acker und fördert dabei Objekte zutage, die darauf schließen lassen, dass hier eine Stätte von archäologischer Bedeutung liegt. Das heißt: Behörden rücken an, jahrelange Ausgrabungen folgen – das Feld liegt brach, den Schaden hat der Bauer.*

**Wenn einer die alten Trümmer einfach** alte Trümmer sein ließe, sie wegräumte und den Mund hielte – wer könnte ihm das verdenken? Der Hofbesitzer Michael Donabauer, der 1963 auf Mauerreste stieß, reagierte anders: »Ich hab sofort aufgehört mit dem Ackern und das auch 20 Jahre lang so gehalten. Mir war klar, dass es mit diesen seltsamen Grundmauern etwas auf sich hat.« Möckenlohe liegt in der Nähe des Limes, und die Vermutung, dass es sich um ein römisches Bauwerk handeln könnte, lag nahe. Die Bestätigung lieferten Luftaufnahmen aus dem Jahr 1983. Auf Donabauers Grund ruhten die Reste einer römischen Villa Rustica, die vermutlich im 2. Jahrhundert n. Chr. erbaut wurde. Als Villae Rusticae bezeichnet man römische Bauernhöfe, die Garnisonen und Städte im Umland mit Lebensmitteln versorgten.

Als Archäologen Ende der 1980er-Jahre die Grundmauern freilegten, beschloss Donabauer, »seine Villa« wiederaufzubauen und so zu gestalten, dass sich die Besucher ein authentisches Bild von provinzialrömischer Wohnkultur machen können. Prunkstück des Hauses ist die Fußbodenheizung, ansonsten förderten die Grabungen keine Sensationen zu Tage, sondern Alltagsgegenstände. Aber gerade das macht den Charme des Museums aus. Die liebevolle Präsentation scheinbar banaler Dinge spiegelt die Begeisterung des Mannes wider, der vor mehr als 40 Jahren aufhörte zu ackern und die Villa Rustica zu seinem Lebenswerk machte. Zur Anlage gehört auch ein römischer Haustierpark, in dem u.a. Wollschweine, Walliser Ziegen und langhornige Rinder zu sehen sind. Einige der Vierbeiner haben beim alljährlichen Erntefest ihren großen Auftritt. »Römer« in authentischer Kleidung, Umzug mit Musik, Markttreiben, Lagerfeuer – das macht nicht nur Kindern Spaß.

**Villa Rustica** · Sonntag vor Ostern–1. Nov. Di–Fr 15–16, Sa, So 13–17 Uhr · Tauberfelder Weg 1
85111 Adelschlag · Tel. 08424/277 · www.roemervilla-moeckenlohe.de

# 98 Eichstätt: Kriegserinnerungen

*Das Deckenfresko im Treppenhaus der fürstbischöflichen Residenz von Eichstätt zeigt einen Unfall mit Todesfolge: Die Pferde scheuen, Zeus schleudert einen Blitz, Phaethon fällt vom Sonnenwagen. Aber er landet weich auf rosa Wolken, die gestürzten Schimmel schweben – geborgen, als hielten sie sich in den Armen.*

**Rund vier Kilometer außerhalb der Stadt,** im Hessental, spürt man nichts mehr von der barocken Heiterkeit Eichstätts. Die Farben sind auf ein Minimum reduziert: Wacholderbüsche, dürres Heidegras, Felsbrocken. Was hier fällt, landet nicht weich auf rosa Grund – es erstarrt. Vergessen das Bild von Phaetons drallen, muskulösen Pferden. Diejenigen, die in diesem Tal stürzen, sich überschlagen, verrenken, aufbäumen, zeigen Ecken, Kanten. Sind es Pferde? Menschen? Maschinen? So bizarr die Figuren, so absurd die Schlacht, in die sie geworfen sind – es wird keinen Sieger geben.

**▶ Irgendetwas findet man immer im Fossiliensteinbruch auf dem Blumenberg (Kinderdorfstr. 1). Man klopft unter Anleitung und darf das Fundstück mitnehmen. Großer Spaß für Kinder!**

Der Künstler Alois Wünsche-Mitterecker hat Gewalt und Krieg erlebt. Als Pressezeichner war er im Zweiten Weltkrieg an der Ostfront, Leichenberge darzustellen gehörte zu seinen täglichen Aufgaben. Zurückgekehrt, kannte er nur noch ein Ziel: ein »Monumentum perpetuum«, ein »Mahnmal« gegen den Krieg »für die Ewigkeit« zu errichten. In mehr als 20 Jahren schuf er 78 Plastiken, die letzten wurden erst nach seinem Tod 1975 aufgestellt. Das Material, das er wählte, erfüllt den Anspruch, »ewig« zu währen: Die tonnenschweren Figuren, die auf eineinhalb Meter dicken Betonfundamenten stehen, wurden aus einer Mischung von Portlandzement, Granit- und Basaltkörnern gegossen. Vandalen, die Ende der 1970er-Jahre mit Vorschlaghämmern anrückten, konnten kaum Schäden anrichten, aber artikulieren, dass einige Bürger über das düstere Szenario unweit ihrer heiteren Stadt nicht glücklich waren. Das hat sich inzwischen geändert. Auch die Eichstätter wissen: Barocke Schönheiten gibt es viele in Oberbayern, das Figurenfeld ist einzigartig.

**Figurenfeld im Hessental** · Eichstätt-Landersdorf · zu erreichen über die Jurahochstraße (Parkplatz beim Kreisbauhof) oder über die Altmühlstraße (Parkplatz)

Die 78 bizarren Plastiken versinnbildlichen die Destruktion des Krieges (oben).
Der Künstler wollte ein Mahnmal gegen den Krieg für die Ewigkeit schaffen (unten).

Grund zum Feiern: Die Tiere haben den Sommer auf der Alm gut überstanden (oben).
Beim Lammabtrieb überqueren die Tiere die Altmühlbrücke in Böhming (unten).

99

# Altmühltal: Lammabtrieb

*Äpfel lassen sich nicht mit Birnen vergleichen und Rinder nicht mit Schafen. Prächtiger Kopfschmuck, Glockengeläute, das Stampfen von hunderten Hufen – der Zug der Kühe von der Alm ins Tal ist großes Alpen-Drama, der Abtrieb der blökenden Schafe und Lämmchen präsentiert sich als heiteres Kammerspiel.*

**Lammauftrieb und -abtrieb ist ein guter Titel** für das Stück, das in der Altmühl-Jura-Region alljährlich aufgeführt wird. Lämmchen wecken Emotionen. Aber natürlich sind nicht nur Jungtiere unterwegs, auch Schafe gehören zur tausendköpfigen Herde, und dazwischen blitzt immer wieder ein schwarzer Ziegenkopf auf. Die Kulisse liefert im Frühjahr Mörnsheim, wo sich die Tiere blökend und meckernd durchs Markttor drängen, am Ende ihrer Sommerfrische treffen sie in Böhming ein.

**▶ Zum Lammauftrieb und -abtrieb findet ein Woll- und Handwerkermarkt mit zahlreichen Veranstaltungen – auch für Kinder – zum Thema Schaf statt.**

Während die Almwirtschaft in den Alpen auf eine lange Tradition zurückblicken kann, wurde die Hüteschäferei im Naturpark Altmühltal erst in den letzten Jahrzehnten wieder intensiviert. Voraussetzung dafür war ein Umdenken: Zum Erhalt der vermeintlichen Natur erwogen deren Schützer nämlich ein Verbot der Beweidung, was sich als Fehleinschätzung herausstellte. Die »Wildnis« ist keine, die Jurakalkfelsen, Wacholderheiden und Magerrasenhänge wären zugewuchert, seltene Pflanzenarten wie Silberdistel, Enzian oder Schwalbenschwanz längst verschwunden, wenn die grasenden Tiere und die Schäfer nicht pflegerisch eingegriffen hätten. Diese Kulturlandschaft zu erhalten, nützt Mensch und Tier: Die Vierbeiner leben artgerecht und gesund und fressen sich im Verlauf des Sommers durch einen Kräutergarten, die Zweibeiner genießen die wunderschöne Landschaft, wandernd, radelnd oder mit dem Kajak fahrend.

Apropos Zweibeiner. Beim Auf- und Abtrieb sind natürlich auch Menschen dabei, unter ihnen Frauen in Schäfertracht – spätestens hier erfüllt sich also das in Kapitel 1 dieses Buches gegebene Versprechen.

**Mörnsheim** · Lammauftrieb Anfang Mai · Böhming · Lammabtrieb Ende Sept.
www.naturpark-altmuehltal.de

# Register

## Essen und Trinken

»Altes Gefängnis«, Freising 161
»Apollon«, Schrobenhausen 169
»Bräustüberl Weihenstephan« 161
»Bruckenfischer«, Egling 10
»Café Giggerer«, Kochel am See 78
»Café Richter«, Planegg 42
Enzian-Brennhütte am Priesberg 137
»Forsthaus St. Hubertus«, Ebersberg 18
»Gasthof und Hotel zur Mühle«, Ismaning 25
»Gasthof zum Rassen«, Partenkirchen 75
»Gotzinger Trommel«, Gotzing 94
»Kapplerbräu«, Altomünster 33
Kunstmühle, Dinzler Kaffeerösterei, Rosenheim 109
»Oskar Maria Graf Stüberl«, Berg 55
»Pe.Es. Kottmeier«, Planegg 42
»Purgelato«, Planegg 42
»Restaurant & Café Blauer Reiter«, Kochel am See 78
»Schmuggler«, Freilassing 144
»Schlosswirtschaft Mariabrunn« 29
Stie-Alm, Brauneck 89
»Wirtshaus an der Wiesmühle«, Glonn 13
Wolfmühle, Forstinning 22

## Einkaufen

Antik Möbel Maier, Lampertshausen 165
Holzers Hofladen, Ismaning 26
Keferloher Montag 14
Lederhosen Stangassinger, Berchtesgaden 133
Loesche Keramik, Dießen 49
Messer Werk, Aschau 112
Töpfermarkt, Dießen 49

## Freizeit und Familie

ArcheHof, Otterfing 90
»Berggasthof Hotel Weingarten«,
Büttenpapierfabrik, Gmund 97
Eishöhle, Marktschellenberg 141
Falknerei, Aschau 122
Heckenlabyrinth, Unterweikertshofen 32
Hohenpeißenberg 63
Holzknechtmuseum, Ruhpolding 130
Hopfenmuseum, Wolnzach 166
Innfähre bei Mühldorf 157
Kameltouren, Grub 93
klapp&papp THEATER, Neuburg 180
Königshaus am Schachen 72
Kraftwerk/Floßrutsche, Pullach 8
Lokwelt, Freilassing 144
Mammutheum, Scharam/Alzing 125
Naturbad, Glonn 12
Steinbruch am Haßlberg 129
Teufelsgraben, Grub 93
Villa Rustica, Möckenlohe 183
Waldkletterpark, Jetzendorf 165
Wolfmühle, Forstinning 22

## Natur

Geologische Orgeln, Oberschroffen 150
Gießenbachklamm, Kiefersfelden 106
Haspelmoor 41
Klostergärten, Weihenstephan 161
Kräuterwanderung, Schliersee 102
Lovis-Corinth-Weg, Walchensee 76

Oxenweg, Schrobenhausen 171
Ramsauer Malerweg, Hintersee 132
Stie-Alm, Brauneck 89
Toteiskesselweg, Hager Land 157


## Kunst und Kultur


Amperwerk, Schöngeising 35
Bad Aibling, Ensemble Meggendorfer Straße 106
Bergbaumuseum, Hausham 101
Berger Kulturspaziergang 55
Besucherzentrum KZ-Gedenkstätte, Dachau 28
Carl Orff-Festspiele, Andechs 50
Dianatempel Hofgarten, München 8
Dokumentation Obersalzberg 140
Erlöserkirche, Erding-Klettham 158
Figurenfeld im Hessental 184
Fleißerhaus, Ingolstadt 176
Friedenskirche, Manching 172
Fürstbischofliche Residenz, Eichstätt 184
Gabriel-von-Seidl-Bauten, Bad Tölz 85
Heldenallee, Ebersberg 21
Islamische Gemeinde, Penzberg 82
»Jerusalem Panorama«, Altötting 153
Kirche Maria de Victoria, Ingolstadt 179
Kloster und Museum, Polling 64
Künstlerhaus Gasteiger, Holzhausen 46
Lenbachhaus und -turm, Schrobenhausen 168
Maibaum, Unterbrunn 45
Monarchistentreffen, Gammelsdorf 162
Münter-Haus, Murnau 67
Museum Der Bulle von Tölz 85
Museum, Starnberger See 52
Mutterturm, Landsberg am Lech 56
Olaf-Gulbransson-Museum, Tegernsee 98
Opernfestival, Gut Immling 113
Partenkirchen, Ludwigstraße 75
Perchtenlauf, Kirchseeon 17
Pfarrzentrum St. Nikolaus, Neuried 8
Pilatushaus, Oberammergau 68
Prähistorische Siedlung, Pestenacker 42
Quirin-Roth-Plastiken, Tegernsee 98
Sankt Jakobus d. Ä., Altenmarkt 146
St. Bartholomäus, Hörgersdorf 158
Schloss Amerang 112
Schrottgalerie, Glonn 13
St. Alto und St. Birgitta, Altomünster 33
St. Jakobus, Prien-Urschalling 117
Werdenfels Museum, Partenkirchen 75
Stumme Prozession, Vilgertshofen 58
Werksmuseum Vatter GmbH, Altenstadt 59
Willibaldritt, Jesenwang 38


## Entspannung


Naturbad, Glonn 13
Romantik Hotel Chalet am Kiental, Herrsching 49
Strandbad Chiemseepark, Felden 121
Tannerhof – Naturhotel & Gesundheitsresort, Bayerischzell 104


## Überraschendes


Bierkatakomben, Wasserburg 101
Finger der Bavaria, Fürstenfeldbruck 34
Hinterkaifeck 171
Iglu-Dorf, Zugspitze 71
Janischsiedlung, Garching a.d. Alz 149
Jodelseminar Josef Ecker, Bergen 124
Kalkofen, Lenggries 86
Killerkreuz, Ebersberg-Neuhausen 22
Lammauftrieb, Altmühltal 187
Mühldorfer Jagdmusseum 155
Stallhofer-Ausstellung, Hausham 101
Storchennest, Benediktbeuern 81
Schnupftabak, Ingolstadt 175

Gammelsdorf: Salut für Kaiser Ludwig und König Ludwig

**Verantwortlich:** Ulrich Jahn, Marianne Rösler
**Redaktion:** Dr. Juliane Braun
**Layout:** graphitecture book & edition
**Repro:** Repro Ludwig
**Korrektorat:** Viola Siegemund
**Umschlaggestaltung:** Ulrike Huber
**Kartografie:** Kartographie Huber, Heike Block
**Herstellung:** Bettina Schippel
Printed in Slovenia by Florjancic

★★★★★

**Sind Sie mit diesem Titel zufrieden? Dann würden wir uns über Ihre Weiterempfehlung freuen.**
Erzählen Sie es im Freundeskreis, berichten Sie Ihrem Buchhändler, oder bewerten Sie bei Onlinekauf.
Und wenn Sie Kritik, Korrekturen oder Aktualisierungen haben, freuen wir uns über Ihre Nachricht an den Bruckmann Verlag, Postfach 40 02 09, D-80702 München oder per E-Mail an lektorat@verlagshaus.de.

Unser komplettes Programm finden Sie unter www.bruckmann.de

Alle Angaben dieses Werkes wurden vom Autor sorgfältig recherchiert und auf den aktuellen Stand gebracht sowie vom Verlag geprüft. Für die Richtigkeit der Angaben kann jedoch keine Haftung übernommen werden.

**Bildnachweis:** Alle Bilder des Innenteils stammen von Franz Marc Frei, außer: S. 47 (2): © Bayerische Schlösserverwaltung (www.schloesser.bayern.de), S. 48u.: Romantik Hotel Chalet am Kiental, S. 73: picture alliance / Chris Wallber, S. 145: Arne Müseler / www.arne-mueseler.de via Wikimedia Commons.

Umschlagvorderseite: Kinder beim Trachtentanz, Seefest in Bad Wiessee am Tegernsee (huber-images.de / Schmid Reinhard), Iglu (Shutterstock/ Alexey V Smirnov), Wolpertinger (mauritius images / Alamy).

Die Deutsche Nationalbibliothek verzeichnet diese Publikation in der Deutschen Nationalbibliografie; detaillierte bibliografische Daten sind im Internet über http://dnb.d-nb.de abrufbar.

© 2015 Bruckmann Verlag GmbH

ISBN 978-3-7654-8732-3

DB BAHN

# Ein Tag, der bleibt.

Mit dem **Bayern-Ticket**
für **nur 23 Euro** und **5 Euro** je Mitfahrer

**Ticket gilt auch in:**

S U Tram Bus

Weitere Informationen, Ausflugstipps und Kauf unter **bahn.de/bayern**

Mit persönlicher Beratung für 2 Euro mehr.
Erhältlich für bis zu 5 Personen.

**Die Bahn macht mobil.**

**Jetzt Fan werden!**
fb.com/bayernticket

Wir fahren für das BAHNLAND BAYERN Zeit für Dich.

Regio Bayer